Hiltrud Leenders, geboren 1955 am Niederrhein, arbeitete zunächst als Übersetzerin und hat sich später einen Namen als Lyrikerin gemacht. Sie ist Mutter von zwei Söhnen und seit 1990 hauptberuflich Schriftstellerin.

Michael Bay, geboren 1955, arbeitet als Diplompsychologe und Psychotherapeut. Er ist verheiratet und hat drei Kinder.

Artur Leenders, geboren 1954 in Meerbusch, arbeitet als Unfallchirurg in Kalkar. Seit über zwanzig Jahren ist er mit Hiltrud Leenders verheiratet und Vater der beiden Jungen.

Im Rowohlt Taschenbuch Verlag liegen bereits die Romane «Die Schanz» (rororo 23280) und «Augenzeugen» (rororo 23281) vor.

Hiltrud Leenders/Michael Bay/
Artur Leenders

Gnadenthal

Kriminalroman

Rowohlt Taschenbuch Verlag

Originalausgabe
Veröffentlicht im Rowohlt Taschenbuch Verlag,
Reinbek bei Hamburg, April 2006
Copyright © 2006 by Rowohlt Verlag GmbH,
Reinbek bei Hamburg
Umschlaggestaltung any.way, Andreas Pufal
(Foto: © Andreas Pufal/Hamburg)
Satz Bembo PostScript (InDesign)
bei Pinkuin Satz und Datentechnik, Berlin
Druck und Bindung Clausen & Bosse, Leck
Printed in Germany
ISBN 13: 978 3 499 24001 0
ISBN 10: 3 499 24001 7

Erster Teil

Eins Es war ein trister Sommer für ihn gewesen, überschattet vom unwürdigen Hin und Her um Unterhaltszahlungen und Versorgungsausgleich, vom übereilten Umzug in eine neue Wohnung, in der nichts stimmte. Und als andere, immer noch süß nach Sonnenöl duftend, die letzten Sandkörner aus ihren Reisetaschen rieseln ließen, hatte er mitten im Schulbuchgeschäft gesteckt. Die Heimsuchung eines jeden Buchhändlers, eine ärgerliche Plackerei, alles andere als lukrativ, aber notwendig, wenn man konkurrenzfähig bleiben wollte.

Martin Haferkamp streckte sich und drückte kurz die Faust ins Kreuz. Er war einfach müde. Bald wurden die Tage wieder kürzer, dann war es kaum hell geworden, wenn er morgens die Buchhandlung aufschloss, und schon finster, wenn er abends nach Hause ging. Er seufzte und beugte sich über den großen Karton, in dem er den Papierkram der letzten Wochen und alles mögliche andere abgelegt hatte, das ihm im Weg gewesen war. Endlich ging es wieder ruhiger zu im Laden – der Kundenstrom floss nicht allzu üppig, aber doch so beständig, dass er sich keine Sorgen machen musste –, und er konnte sich die Zeit nehmen, wieder Grund ins Geschäft zu bringen. Als die Türklingel ertönte, kümmerte er sich nicht weiter darum, denn Frau Moor war unten im Laden. In der Regel kam sie zurecht, und die Laufkundschaft mochte sie.

Er stutzte. Aus einem Stapel Steuerformulare leuchtete ihm etwas grell Orangefarbenes entgegen. Mit spitzen Fingern zog er eine Girlande aus böse grinsenden Pappkürbissen heraus und warf sie in die Abfallkiste. Frau Moors letztjährige Idee für eine herbstliche Fensterdekoration. Halloween, der 31. Oktober — wie der Muttertag irgendwann von Amerika herübergeschwappt und vom Handel gierig aufgenommen. Wie lange mochte es noch dauern, bis man diesen Rummel hier als heimischen Brauch ansah? Gehirnwäsche war im Grunde eine einfache Geschichte.

Er konnte sich erinnern, dass er getobt hatte, als die Moor mit dem Kram angekommen war, und er war eigentlich sicher gewesen, dass jeder Plastikkürbis, jede Gummispinne und jedes Glitzergedärm im Müll gelandet waren. Auf die Schnelle hatte er dann ein paar Körbe bunter Herbstblätter, Walnüsse und Kastanien organisiert, Martinslaternen aufgehängt und passend dazu einige konventionelle Titel dekoriert, leichte Kost eben.

In diesem Jahr, beschloss er, würde er die Dekoration gleich selbst übernehmen. Am 31. Oktober war Reformationstag, und er würde irgendwo eine massive, verwitterte Holztür besorgen und eigenhändig Luthers 95 Thesen anschlagen, mit geschmiedeten Nägeln.

Die Sprechanlage summte, anscheinend brauchte Frau Moor seine Hilfe. Er seufzte wieder, rückte den Hemdkragen zurecht und trat auf die Galerie hinaus. Unten am Kassentisch wartete Hansjörg Möller.

«Grüß dich!» Haferkamp lief die Treppe hinunter.

Möller sah ihm kühl entgegen. «Hast du was von Frieder gehört?», fragte er näselnd. Wie immer sprach er so leise, dass man sich anstrengen musste, ihn zu verstehen.

Haferkamp spürte altvertrauten Ärger in sich aufsteigen. «Nein», antwortete er und lehnte sich gegen den Tresen.

Möller kniff die Lippen zusammen. «Ich versteh das nicht. Wir wollten spätestens am ersten September mit den Proben anfangen, das war ganz klar so abgesprochen. Jetzt haben wir schon den achten, und Frieder ist nicht aufzufinden. In der Agentur sagen die mir, er wär nicht da, und sein Handy ist auch abgeschaltet.»

«Ich weiß.»

«Ich finde, das geht einfach nicht. Wir kriegen das Ding doch nie mehr rechtzeitig auf die Beine gestellt. Wir haben ja nicht einmal Texte!» Möller schaffte es, besorgt und gleichzeitig herrisch zu klingen.

«Natürlich haben wir Texte», entgegnete Haferkamp ruhig. «Ich habe reichlich Material, und soweit ich weiß, waren Kai und Dagmar auch nicht faul. Wenn wir wollten, könnten wir sofort anfangen zu proben.»

Möller riss die Augen auf. «Ohne Frieder? Das meinst du nicht ernst.»

Haferkamp zuckte die Achseln, aber Möller achtete nicht darauf. «Ich kapier's einfach nicht. Die Termine für die Auftritte stehen fest, der WDR schneidet die Veranstaltung live mit, sogar einen Sendetermin gibt es schon.»

Frau Moor, die die ganze Zeit in ihrer Nähe beschäftigt gewesen war, schnappte nach Luft. «Sie kommen ins Fernsehen? Mit Ihrer Kabarettgruppe?»

Möller brachte ein halbes Lächeln zustande. «Zum Jubiläum, ja, dreißig Jahre ‹Wilde 13›.»

Haferkamp bedachte seine Mitarbeiterin mit einem langen Blick. Schließlich senkte sie den Kopf und zog sich in die Kochbuchabteilung zurück.

Er dehnte den verspannten Rücken. «Soweit ich gehört habe, hat Frieder Schloss Gnadenthal längst gebucht, und zwar für die gesamten Herbstferien.»

«Wer sagt das?»

«Dagmar.»

«Ach so», gab Möller säuerlich zurück.

Haferkamp betrachtete ihn – eines Tages würde der Neid ihn fressen.

Er schmunzelte. «Große Klausurtagung, heißt es. Na, wie auch immer, vierzehn Tage reichen vollkommen. Wir sind ja keine Anfänger.»

«Vierzehn Tage am Stück?» Möller rang die Hände. «Wie soll ich denn so lange aus meiner Firma raus? Das muss doch alles organisiert werden.»

«Wem sagst du das? Entschuldige mich einen Moment.» Haferkamp wandte sich dem jungen Mädchen zu, das gerade in den Laden gekommen war. «Kann ich Ihnen helfen?»

Sie lächelte. «Nein danke, später vielleicht. Ich schau mich erst mal um. Wo stehen denn die Romane?»

«Auf der Galerie. Die Treppe hinauf und dann links.»

Möllers klebriger Blick folgte ihr quer durch den Laden.

Haferkamp grinste. «Hansjörg?»

«Hm?» Widerstrebend drehte sich Möller ihm wieder zu. «Eigentlich hast du Recht, wir sind wirklich keine Anfänger mehr.» Dann betrachtete er seine Fingernägel und polierte sie kurz am Jackenärmel. «Vierzehn Tage in Klausur – gar keine schlechte Idee, eigentlich. Ich meine, Frieder wird sich schon was dabei gedacht haben, er hat ja eine Nase für so was.» Er straffte die Schultern. «Gib mir doch schon mal deine Texte, dann kann ich vielleicht ein paar Rollenkonzepte machen.»

Haferkamp schüttelte den Kopf. «Ich muss noch ein bisschen daran feilen. Außerdem will ich ein paar Sachen mit Dagmar und Kai abstimmen. Wir setzen uns am Wochenende zusammen.»

«Etwa nur ihr drei?»

Haferkamp zog die Augenbrauen hoch. «Der große Meister ist ja nicht zu erreichen. Aber mach dir nicht ins Hemd, wird schon klappen.»

«Hm, wissen die anderen Bescheid? Wegen der Herbstferien, meine ich.»

«Keine Ahnung, du kannst ja mal einen Rundruf starten.»

Ihm war ein bisschen flau.

Den ganzen Tag über hatte er keine Zeit gefunden, etwas zu essen, und dann, weil er endlich mit seiner Wohnung vorankommen wollte, hatte er beim Italiener nebenan nach Ladenschluss auf die Schnelle eine Lasagne verschlungen, die ihm jetzt wie ein fetter Klumpen im Magen lag.

Ächzend kniete er sich hin, um die Rückwand am letzten Regal anzubringen.

In den Zimmern sah es noch so aus, als wäre ein Wirbelsturm hindurchgefegt, stapelweise leere Kartons und halb ausgepackte Kisten, Kleidung, die er längst hätte waschen sollen. Nur die Küche war einigermaßen aufgeräumt. Er hatte sie vom Vormieter übernommen, dem es wohl hauptsächlich um Funktionalität gegangen war. Beim Frühstück hatte er eine Liste der Dinge aufgestellt, die er brauchte, um den Raum in den heimeligen Ort zu verwandeln, den er sich vorstellte, wo er für Freunde kochen, mit ihnen essen und bis in die Nacht hinein diskutieren wollte. Wo hatte er den Zettel hingelegt?

Haferkamp öffnete den Hosenknopf und holte tief Luft, dann hievte er das Regal hoch und schob es an die Wand. Im Schlafzimmer standen noch neun große Bücherkisten, aber Gott sei Dank hatte er sie mit System gepackt. Die Zeit hatte er sich genommen, obwohl er nicht schnell genug aus dem Haus hatte rauskommen können. Das Einräumen der Bücher in die Regale würde nicht lange dauern. Grimmig ballte sich sein Magen zusammen.

Die Erstausgaben, all seine sachkundig zusammengetragenen Schätze, es war eine Schande, dass er sie in diesen lackierten Normschränken unterbringen musste, aber Monika hatte die Mahagonivitrine behalten wollen. Sie hatte ein Riesentheater darum gemacht, dabei hatte sie gar keine Verwendung dafür – die paar Meter Taschenbuch, die sie ihr Eigen nannte!

Vermutlich würde sie den Schrank sowieso verkaufen und von dem Geld mit einer Rotte anderer Halbgebildeter – vornehmlich allein stehende, vertrocknete Gymnasiallehrer – auf eine dieser ‹Studiosus›-Reisen gehen, unter «qualifizierter Leitung», versteht sich: die Loireschlösser und die großen Kathedralen Europas. Oder vielleicht in diesem Jahr, mehr so urtümlich, die Galapagosinseln? Und in diesen Kreisen wollte sie den Mann finden, der sie «mal wieder zum Lachen brachte», mit dem sie sich «endlich wieder lebendig fühlte»?

Haferkamp lachte laut auf. Irgendwo inmitten der Kartonberge fing das Telefon an zu klingeln, also war es tatsächlich heute freigeschaltet worden. Er beachtete es nicht. Die Stereoanlage musste noch angeschlossen werden, und wenn morgen der neue Schreibtisch geliefert worden war, konnte er endlich seinen Computer wieder einrichten.

Er wusste nicht mehr, warum er sich auf diese Ehe einge-
lassen hatte. Sicher, es hatte ihm gefallen, dass Monika von
Anfang an klargemacht hatte, dass sie keine Kinder wollte,
vielleicht hatte das den Ausschlag gegeben. Mit ihr war er
auf der sicheren Seite gewesen. Er hatte sich nie nach einer
Familie gesehnt, er war glücklich gewesen, als er endlich zu
Hause ausgezogen war und seine Ruhe gehabt hatte. Dabei
war er beileibe kein Eigenbrötler, er hatte gern Freunde
um sich, die seine Interessen teilten, mit denen er sich aus-
tauschen konnte. Aber was hatte er in dieser Ehe zu finden
gehofft? Romantische Gefühle hatten doch nie eine Rolle
gespielt.

Mit dem Fuß schob er die Regalverpackung aus dem
Weg und ging in die Küche. Die Flasche Merlot, die er
gestern geöffnet hatte, war noch halb voll. Er nahm ein
Wasserglas vom Abtropfbrett und goss ein. «Weingläser»,
notierte er im Geist.

Endlich gab der Anrufer auf. Wahrscheinlich war es sowieso nur Hansjörg gewesen, der noch einmal, ganz beiläufig
natürlich, versuchen wollte, vor den anderen an seine Texte
zu kommen, um – wie hatte er es diesmal ausgedrückt? –
ein «paar Rollenkonzepte zu machen». Lächerlicher Versuch! Und wie er auf die «Klausurtagung» angesprungen
war, als hätte Frieder den Stein der Weisen entdeckt. In den
dreißig Jahren hatten sie immer zwölf bis vierzehn Tage
gebraucht, bis ein neues Programm stand, nur dass sie sonst
zwei Termine dafür angesetzt hatten.

Er leerte sein Glas und schaute auf die Uhr, erst kurz
nach zehn. Noch nicht zu spät, sich mit dem Rest Wein an
den Küchentisch zu setzen und letzte Hand an die Texte
zu legen.

Das Telefon klingelte wieder. Vielleicht war es ja Dagmar.

Dagmar Henkel legte kopfschüttelnd den Hörer auf und ging hinüber ins Arbeitszimmer ihres Mannes. «Das war Hansjörg. Er hat einen Riesentanz veranstaltet, weil er nicht Bescheid wusste wegen der Herbstferien.»

Rüdiger brummte etwas, schaute aber nicht von seiner Zeitung auf.

Sie schmunzelte. «Außerdem hat er versucht, mir vorab schon meine Texte abzuschwatzen. Will sich wohl wieder die besten Rollen unter den Nagel reißen, der Blödmann. Er hat sich echt ins Zeug gelegt.»

«Sag mal», er sprach betont ruhig, «siehst du eigentlich nicht, dass ich dabei bin, den ‹Spiegel› durchzuarbeiten?»

Dagmar spürte, wie ihr heiß wurde. Sie setzte zu einer Erwiderung an, biss sich aber auf die Lippen und ging hinüber in die Küche, den einzigen Raum im Haus, in dem es richtig warm war.

Rüdiger hatte diesen riesigen alten Kasten von seinem Großvater geerbt, und sie waren gleich nach ihrer Heirat hier eingezogen. Damals hatten sie noch beide von einer Großfamilie geträumt, und die kleinen Schönheitsfehler am Haus hatten sie nicht gestört, die würde man nach und nach beheben, Hauptsache, es gab genügend Platz. Mit den Jahren hatten sich die kleinen Fehler zu großen Problemen ausgewachsen. Das Haus war zugig, viel zu groß, und die ungenutzten Räume verfielen mehr und mehr. Es brauchte dringend ein neues Dach, eine neue Isolierung, neue Elektroleitungen und vor allem eine neue Heizungsanlage.

Damit es unten einigermaßen warm war, hatten sie schon vor längerer Zeit aufgehört, das Obergeschoss zu heizen. Sie hatte ihr Arbeitszimmer aufgeben müssen und schrieb ihre Texte seitdem am Küchentisch.

Eine Sanierung würde Unsummen kosten, mehr, als sie aus dem Stand aufbringen konnten. Dagmar hätte das Mausoleum am liebsten verkauft, je eher, desto besser. Wozu brauchten sie noch ein ganzes Haus, eine Eigentumswohnung würde ihnen doch reichen, eine warme Wohnung ohne Stockflecken an der Badezimmerdecke, ohne feuchte Wände, von denen sich die Tapeten lösten, ohne Mausefallen.

Aber Rüdiger sperrte sich gegen den Verkauf, manchmal auf die sentimentale Art – dies sei schließlich sein Familienerbe, hier habe er seine Kindheit verbracht –, meist aber mit dem Argument, in diesem baulichen Zustand würde das Haus nicht den Preis erzielen, den ein Anwesen in dieser Lage normalerweise bringen würde. Seit Jahren kam das Thema immer wieder auf den Tisch, und seit Jahren drehten sie sich im Kreis.

Dagmar breitete eine alte Zeitung auf der Arbeitsplatte aus, nahm ein Bündel Karotten aus dem Gemüsekorb und fing an, es zu putzen. Schon vor Jahren hatte sie es sich angewöhnt, das Essen für den nächsten Tag so weit wie möglich am Vorabend zuzubereiten, denn für größere Kochaktionen war ihre Mittagspause zu kurz. Rüdiger vertrug abends keine üppige Mahlzeit, er konnte dann nicht schlafen und verfiel ins Grübeln. Also hatten sie sich darauf geeinigt, sich mittags, wenn auch oft nur für eine halbe Stunde, zu Hause zu einem warmen Essen zusammenzusetzen, in Ruhe und Frieden, Stress hatten sie schließlich beide genug in ihrem Job.

Gestern allerdings hatte sie die Sache gründlich vermasselt. Sie war nach einem unerquicklichen Gespräch mit absolut unerträglichen Eltern erst auf den letzten Drücker aus der Beratungsstelle gekommen, und zu Hause hatte die halbe Küche unter Wasser gestanden. Zum dritten Mal schon in diesem Jahr war aus unerfindlichen Gründen die Hauptsicherung herausgesprungen. Der alte Tiefkühlschrank, den sie beim Einzug übernommen hatten, war abgetaut, und alle Mahlzeiten, die sie an den letzten Wochenenden vorgekocht und eingefroren hatte, waren im Müll gelandet.

Nachdem sie aufgewischt, Rüdiger vergeblich am Sicherungskasten gewerkelt und schließlich einen Elektriker angerufen hatte und sie beide mit langen Zähnen den kalten Zucchiniauflauf gegessen hatten, war es mit ihr durchgegangen. «Ich halt's hier nicht mehr aus!» Ihr waren tatsächlich die Tränen gekommen.

Rüdiger hatte sie nur kurz gemustert. «Das Haus könnte längst saniert sein, das weißt du so gut wie ich. Pump endlich deine Mutter an. Die hockt doch auf einem Geldberg.»

«Den braucht sie auch, wenn sie ins Heim muss. Und das kann jeden Tag so weit sein. Ihre Rente reicht nicht.»

«Dann pfleg du sie doch!» Den Satz hatte er quer über den Tisch gespuckt.

Sie hatte erschrocken geschwiegen, hilflos. Seit Jahren kämpfte sie mit ihrem Gewissen, denn ihr war klar, dass sie sich als einziges Kind um ihre Mutter zu kümmern hatte, aber sie wusste auch, was ihr blühte, wenn Rüdiger und ihre Mutter länger als ein oder zwei Tage unter einem Dach verbrachten. Viel schlimmer noch aber war die Vorstellung,

16

ihren Job aufgeben zu müssen, den Beruf, den sie liebte, der sie ausfüllte. Sie schob die Möhrenscheiben beiseite und fing an, eine Zwiebel zu schneiden. Die Neonröhre über dem Spülbecken summte.

Dann pfleg du sie doch? Rüdiger wusste genau, was der Beruf ihr bedeutete, schließlich arbeiteten sie seit fast zwanzig Jahren in derselben Einrichtung, schließlich war es das, worüber sie sprachen.

Sie hörte ihn hereinkommen. «Ist noch Bier da?»

«Im Kühlschrank.» Sie drehte sich nicht um, packte die Zwiebelschalen und Möhrenabfälle sorgsam in die Zeitung ein.

«Tut mir Leid, Dagi, ich wollte dich nicht so anfahren.»

«Schon gut.»

Er hatte sich beharrlich nach oben gearbeitet und war seit zwei Jahren Leiter der Beratungsstelle, ihr Chef. Sicher war er stolz darauf, aber sie ahnte, obwohl sie nie darüber redeten, wie schwer es ihm oft fiel, Entscheidungen zu treffen, die allem, wofür er einmal gestanden hatte, zuwider liefen.

Als er ihr jetzt die Hand auf die Schulter legte, presste sie ihre Wange dagegen. «Hast du Ärger?»

«Nein, Herrgott!» Dann versöhnlich: «Du siehst ganz verfroren aus. Leg dich doch in die Badewanne.»

«Später vielleicht. Bringst du das hier für mich in den Grünmüll?» Sie drückte ihm das durchweichte Zeitungspäckchen in die Hand. «Ich muss mich an meine Sketche setzen.» Dann hielt sie inne. «Sag mal, verstehst du das mit Frieder? Wieso setzt er sich ausgerechnet jetzt ab? Das hat er noch nie gemacht.»

Rüdiger grinste breit.

«Jetzt erzähl schon! Schließlich hat er dich doch angerufen. Er muss doch was gesagt haben.»

Er zog übertrieben die Schultern hoch und legte das Abfallpäckchen auf den Tisch. «Was Genaues weiß ich auch nicht. Ich weiß nur, dass es dringend war und dass es irgendwas mit seinem Herzliebchen zu tun hat.»

«Mit Patricia?»

«Eben der.»

Dagmar zuckte die Achseln. «Mir auch egal. Ich habe übrigens vorhin mit Martin telefoniert. Er, Kai und ich müssen uns möglichst bald abstimmen. Wir wollen uns am Wochenende zusammensetzen.»

Rüdigers Grinsen verblasste. «Aber auf gar keinen Fall bei uns! Ich habe die ganze Woche wahrhaftig genug am Hals, da habe ich keine Lust, am Wochenende auch noch den Gastgeber zu spielen.»

Sie sagte nichts, bückte sich nur, um einen Kochtopf aus dem Schrank zu nehmen und endlich die Möhren aufzusetzen, aber er war noch nicht fertig. «Ich find's sowieso bescheuert, dass ich mir extra zwei Wochen Urlaub nehmen soll. Es reicht völlig, wenn ich in den letzten zwei, drei Tagen dazu komme, um Licht zu bauen. Vorher braucht ihr mich doch gar nicht.»

«Was soll das denn jetzt?» Dagmar schaltete den Herd ein und holte innerlich Luft. «In all den Jahren haben wir immer gemeinsam das Programm erarbeitet, alle, auch du, Helmut und Johanna, selbst Heinrich. Und das war auch gut so. Du weißt genau, wie wichtig jeder Einzelne dabei ist, gerade euer Blick von außen drauf. Und jetzt zum Jubiläum im WDR, das ist doch eine Riesenchance!»

«O ja, klasse», blaffte er. «Fünfzig Jahre alt, und ich kriege endlich eine Riesenchance als Beleuchter. Wenn das keine Karriere ist!»

Zwei   Martin Haferkamp schaute sich um und lächelte. Er hatte eine Menge geschafft an den letzten Abenden. Es konnte durchaus passieren, dass er sich in dieser Wohnung irgendwann einmal zu Hause fühlte.

Heute hatte er Frau Moor die Verantwortung für die Buchhandlung überlassen und war schon um halb zwölf aus dem Laden verschwunden. Er hatte sich bewusst nicht abhetzen wollen, wollte es auch in Zukunft nicht mehr – es war an der Zeit, einiges zu überdenken und neu zu organisieren.

Gegen fünf würden Dagmar und Kai hier sein, und er freute sich auf das gemeinsame Essen. Alles war vorbereitet: Die Vorspeisenplatte stand abgedeckt im Kühlschrank, die Lammkeule lag, gut angebraten und fertig gewürzt, in der Kasserolle, er musste sie nur noch in den Ofen schieben. Und nach dem Essen bei einem Wein und später dann bei Kaffee würden sie sich an die Arbeit setzen, auch darauf freute er sich.

Im Hotel unten an der Straße, keine fünf Gehminuten von seiner Wohnung entfernt, hatte er zwei Zimmer reservieren lassen. Die Zeit der Schlafsäcke und Isomatten war unwiederbringlich vorbei, nicht nur, weil sie es heute gern bequemer hatten, man wollte sich auch so nah nicht mehr sein.

Er strich leicht über die neue Schreibtischplatte aus honigfarbenem Holz, froh, dass er sich gegen Glas und Stahl entschieden hatte, die sanfte Farbe und das lebendige Material gefielen ihm. Vorsichtig stellte er die blaue Schachtel darauf ab und lüpfte den Deckel. Die Leute vom Fernsehen wollten in der Sendung zusätzlich zum alten Programm einen Rückblick auf die vergangenen dreißig Jahre bringen und hatten um alte Fotos gebeten. In dieser Schachtel lagen unsortiert die Aufnahmen aus den Jahren 1973 bis 1984, Gott sei Dank hatte er meistens die entsprechende Jahreszahl auf der Rückseite notiert.

Entschlossen machte er sich an die Arbeit und hatte schließlich zwölf unterschiedlich hohe Stapel vor sich liegen. Jetzt musste er nur noch eine Auswahl treffen, aber zunächst einmal brauchte er einen Kaffee. Vorgestern hatte er sich eine große Espressomaschine gekauft, ein Luxus, mit dem er lange geliebäugelt, sich aber nie zu gönnen gewagt hatte. Aber was hielt ihn jetzt eigentlich noch ab? Er musste kaum Unterhalt zahlen, konnte sich zehn Kaffeemaschinen kaufen und seinen letzten Cent für Bibliophiles ausgeben, ohne Rechenschaft ablegen zu müssen. Er holte eine der neuen Capuccinotassen aus dem Schrank und nahm die Bedienungsanleitung für die Wundermaschine zur Hand. Wenn er Milch aufschäumen wollte, musste er die einzelnen Schritte immer noch nachlesen.

Mit dem Kaffee in der Hand stellte er sich ans Küchenfenster. Die spektakuläre Aussicht auf die Burg hatte letztendlich den Ausschlag für diese Wohnung gegeben, der Ausblick und die kleine Dachterrasse.

Seit siebzehn Jahren lebte er nun in dieser Stadt. Er hatte sie vorher gekannt durch die Treffen der ‹13› auf Schloss Gnadenthal und niemals den Wunsch verspürt, hier zu wohnen.

Zu provinziell, zu konservativ, zu bescheiden war ihm alles erschienen. Aber dann hatte er die Gelegenheit gehabt, hier eine alteingesessene Buchhandlung zu übernehmen, und da hatte er nicht lange gezögert – solche Chancen waren dünn gesät. Mittlerweile lebte er gern hier, schätzte das Internationale durch die Nähe zu Holland, mochte die schwermütige Landschaft drumherum. Mit den Jahren hatte die Stadt sich gemausert, es gab jede Menge Kultur, aber womöglich war er selbst bescheidener geworden, ruhiger auf jeden Fall. Es ging ihm gut, durch seinen Beruf lernte er immer wieder Gleichgesinnte kennen, und er hatte sich über die Jahre einen überschaubaren Freundeskreis aufgebaut, Freunde, die ihm auch nach der Scheidung geblieben waren.

Es war Zeit, den Ofen vorzuheizen. Während er darauf wartete, dass die richtige Temperatur erreicht war, deckte er den Tisch. Schließlich goss er noch etwas Olivenöl ans Fleisch, schob den Bräter in den Ofen und stellte die Zeitschaltuhr ein. Dann ging er zum Schreibtisch zurück und nahm sich die Fotos der ersten beiden Jahre vor: 1973 und 1974 in der Mensa, zuerst in kleinen Gruppen, diskutierend, sehr ernsthaft, wichtig, dann größere Runden, zusammengeschobene Tische. Die Mädchen alle mit Mittelscheitel und glatten, langen Haaren oder viel zu krausen Dauerwellen. Nur Johanna sah anders aus, sie trug auch keine Plateauschuhe, keine weiten Kittel über ausgestellten Jeans. Sie hatte alles selbst genäht, handbemalte, bestickte, mit Perlen und anderem Schnickschnack besetzte merkwürdige Gewänder.

Und die Jungs fast alle ohne Haarschnitt, zottelig. Er selbst hatte einen flusigen Vollbart gehabt, schauderhaft, Vollbart und Kassenbrille. Und einen Bundeswehrparka,

22

den er augenscheinlich nur selten abgelegt hatte, auf den frühen Fotografien war er jedenfalls überall dabei. Schwarzweißfotos selbstverständlich, Farbe war etwas für Mutti und Vati gewesen, für die Urlaube an der Nordsee oder an der Costa Brava.

Aufnahmen von den Proben für ihren ersten Auftritt auf der Bühne im Audimax. Wer war eigentlich auf die Idee gekommen, für die Weihnachtsfete der Germanisten ein Kabarettprogramm auf die Beine zu stellen? Er konnte sich beim besten Willen nicht mehr erinnern. Sie hatten herumgeblödelt, der harte Kern, und auf einmal waren die ersten Sketche fertig gewesen. Dann hatte jeder von ihnen Freunde und Bekannte mitgebracht, bis sie schließlich mit Musiker, Techniker und den anderen guten Geistern dreizehn gewesen waren. «Die Wilde Dreizehn, das wär's doch!» Er hatte Dagmars Stimme noch gut im Ohr. «Ihr wisst schon, die Piraten aus ‹Jim Knopf›.» Die ersten Proben. Wie fremd sie einander gewesen waren, wie linkisch sie auf der Bühne herumhampelten, alle eigentlich bis auf Frieder, Frieder und Kai, die waren vom ersten Moment an in ihrem Element gewesen.

Die ersten Sketche: Willy Brandts Rücktritt, die Ölkrise, der Militärputsch in Chile, die Straßenschlachten der ersten Hausbesetzer mit der Polizei in Frankfurt – wie hatten sie sich einen abgebrochen mit dem hessischen Dialekt! Baader-Meinhof natürlich, der Hungerstreik. Meine Güte, was für Rundumschläge sie damals verteilt hatten! Dennoch, es waren gute Sachen dabei gewesen. Einen von seinen eigenen Sketchen vom 74er-Programm hatte er für den Best-of-Teil des Jubiläumsprogramms rausgesucht. Mal schauen, ob er den durchsetzen konnte.

Als politisches Kabarett waren sie angetreten, und es wurde Zeit, dass sie sich darauf zurückbesannen. In den letzten Programmen hatte sich mehr und mehr Comedy breit gemacht, was an Frieder und seinem Gefolge lag. Bei den Diskussionen um die Auswahl der Texte hatte immer einer von denen das basisdemokratische Schwert geschwungen, und so hatte billiger Klamauk jedes Jahr mehr Raum bekommen. Abgesehen davon, dass er diesen geistigen Dünnpfiff verabscheute, fand er es unanständig, dem Publikum, das ihnen über viele Jahre die Treue gehalten hatte, so etwas vorzusetzen. Es mochte, wie er selbst auch, älter und leiser geworden sein, aber es stand immer noch links, war immer noch kritisch und geistig beweglich und erwartete – zu Recht – etwas zum Nachdenken und Nachfühlen.

«Puh, ich platze gleich!» Dagmar schob den Teller weg. «Es war absolut köstlich, Martin.»

Haferkamp lächelte und drückte ihre Hand. Mit dem hellroten Haar, der sommersprossigen Haut und den blassen Wimpern war sie alles andere als eine Schönheit, aber er hatte sich gleich bei ihrer ersten Begegnung in ihre warmen Augen und ihr Lachen verliebt. In der Mensa war das gewesen, ihm war der Pudding vom Tablett gerutscht und auf ihrem Fuß gelandet. Sie hatten sich auf Anhieb verstanden und waren unzertrennlich geworden. Dass sie damals schon mit Rüdiger zusammen gewesen war, hatte keine Rolle gespielt. ‹Mein kleiner dicker Ritter›, hatte sie ihn genannt, sie war sein ‹Faun› gewesen. Heute kamen sie ohne die kindischen Neckereien aus, aber sie waren sich immer noch nahe, auf eine angenehm unkomplizierte Weise.

«Dann mach ich uns mal einen Espresso, okay?»

«Für mich lieber einen Milchkaffee, wenn's geht.» Kai stand auf und fing an, den Tisch abzuräumen. «Mir ist immer noch ein bisschen flau von der Fahrt. Setz dich nie zu diesem Flintenweib ins Auto, Martin, glaub mir, das ist lebensgefährlich.»

«Ha!» Dagmar lachte. «Immerhin fahre ich seit dreißig Jahren unfallfrei.»

«Und wie viele deiner Beifahrer sind in der Zeit am Herzinfarkt gestorben?»

«Gemeiner Kerl! Ist das der Dank dafür, dass ich extra den Umweg über Duisburg gemacht habe, um dich einzusammeln?»

Kai grinste nur. «Ich brauch jedenfalls einen Schnaps.»

«Im Kühlschrank steht Tequila.» Haferkamp öffnete die Spülmaschine und räumte das Geschirr ein.

«Willst du mich umbringen? Mittlerweile müsstest du wissen, dass ich keine klaren Schnäpse trinke.»

«Cognac und Gläser stehen da oben.»

Kai goss sich reichlich ein. «Wollte Frieder nicht an diesem Wochenende wieder da sein?»

«Hat Rüdiger jedenfalls gesagt», antwortete Dagmar.

«Aber warum und wohin er so plötzlich verschwunden ist, weiß Rüdiger auch nicht, oder?»

Dagmar zuckte die Achseln. «Ich glaube nicht.»

«Was soll das heißen?» Haferkamp reichte ihr einen Espresso. «Hat dein Göttergatte etwa Geheimnisse vor dir?»

«Kann schon sein. Er ist nicht besonders gut drauf in letzter Zeit.» Sie wischte Martins prüfenden Blick mit einer flüchtigen Handbewegung beiseite. «Du weißt schon, die ganzen Einsparungen im Sozialbereich. Jetzt ist er der Boss, der die Leute entlassen muss. Das geht ihm ganz schön an die Nieren.»

«Ja, ja, wie heißt es so schön? It's lonely at the top.» Kai stellte ein Holzkistchen auf den Tisch. «Zigarillo gefällig?»

Dagmar schüttelte den Kopf und betrachtete ihn verstohlen. Er war immer ein auffälliger Mann gewesen, überschlank, mit einer drahtigen schwarzen Mähne, einer großen Hakennase und buschigen Brauen über kritisch blickenden Augen, die, wenn er auf der Bühne stand, vor Humor und Lebenslust nur so blitzten. Mit den Jahren war er immer grauer geworden, das waren sie ja alle, aber ihr fiel erst jetzt auf, wie gebeugt er sich hielt und dass er an Gewicht verloren hatte. Es ging ihm nicht gut, aber er würde nicht darüber sprechen.

Martin zündete sich ein Zigarillo an, strich sich über den Magen und lehnte sich genüsslich paffend zurück. «So lässt sich's leben.»

«Jetzt krieg dich wieder ein.» Sie piekste ihm den Zeigefinger in den Bauch. «Wir haben noch einiges zu tun heute Abend.»

«Nichts lieber als das.» Haferkamp blinzelte. «Könnte allerdings hilfreich sein, wenn wir wüssten, wie viel Material Frieder beizusteuern hat.»

«Du kannst es ja noch mal auf seinem Handy probieren.»

«Ich bin doch nicht bekloppt!»

Kai nickte. «Wetten, wir drei kriegen mit unseren Texten und dem Best-of-Teil das Programm ganz alleine zusammen.»

«Schon, sicher», Dagmar zupfte an ihrem Pony, «aber das fänd ich doch schade. Ihr wisst genau, wie wichtig Frieders

Sketche für die gesamte Dynamik sind. Sie bringen Farbe ins Spiel.»

Haferkamp starrte sie an. «Spricht da die gute alte ‹Miss Harmony›, oder meinst du das ernst?»

Ihr schoss die Röte ins Gesicht, und sie hob schnell das Haar im Nacken an. «Klimakterische Hitzewallung, sorry!» Sie wusste, dass sie gackerte wie ein sterbendes Huhn. «Ich bin jetzt in dem Alter.» Damit sprang sie auf. «Lasst uns an die Arbeit gehen. Ich hole meine Mappe.»

Auch Kai stand auf. «Ich muss noch mal für kleine Männer, dann können wir loslegen.»

Sie verteilten die Kopien und fingen an zu lesen, schauten aber gleich wieder auf. Alle drei hatten sie als Erstes einen Sketch über den Irakkrieg geschrieben.

»Ich hab mich auch an George W. versucht», meinte Kai, «aber das war wenig originell, also hab ich mir eine Pantomime ausgedacht.»

«Zu Bush?», staunte Dagmar.

«Ja, warte einen Moment, ich zeig's euch. Sitzt natürlich noch nicht hundertprozentig, aber mal sehen, was ihr davon haltet.»

Die Gesundheitsreform, die Mautkatastrophe, Hartz IV.

«Ich hätte hier noch was zur Fußball-Europameisterschaft», sagte Dagmar mit einem vorsichtigen Blick zu Haferkamp. Der verzog auch sofort gequält das Gesicht. «Ach nein, bitte nicht wieder den Nationalsport! Guckt euch lieber meinen Songtext hier an, geht um die PISA-Studie.»

Sie diskutierten, verwarfen, fügten zusammen, tranken Kaffee und nebelten die Küche mit Zigarilloqualm ein, kritisierten, lachten, probierten aus, mailten Songtexte an Hartmut, den musikalischen Leiter. Hin und wieder war einer von ihnen ein bisschen verschnupft, aber das kannten sie ja und wussten damit umzugehen.

«Das Beste aus dreißig Jahren, habt ihr euch darüber schon Gedanken gemacht?», wollte Kai wissen.

Martin und Dagmar schoben beide eine Liste über den Tisch.

«Au weia, allein damit könnten wir ein komplettes Programm bestreiten. Na, wenigstens bei ein paar Sketchen seid ihr euch einig.» Kai knibbelte an seinem Daumennagel. «Was ist mit den Sachen, die wir über die RAF gemacht haben? Waren ja nicht gerade wenig.»

Es blieb einen Moment still.

«Zu schwiemelig …», sagte Dagmar schließlich.

Kai runzelte fragend die Stirn.

«Sie hat Recht», meinte Haferkamp. «Wir haben nie eindeutig Position bezogen. Wie denn auch damals?»

«Genau», stimmte Kai ihm zu. «Das meine ich. Diese Sketche sind ein echtes Zeitdokument.»

«Aber das versteht doch heute kein Mensch mehr», wehrte Dagmar heftig ab. «Wir würden uns damit in eine ziemlich komische Ecke stellen.»

«Wahrscheinlich hast du Recht.» Kai rieb sich die Augen. «Mir sind nur in letzter Zeit ein paar Sachen durch den Kopf gegangen. Die RAF-Leute haben immer vom ‹Körper als Waffe› gesprochen, nicht viel anders als die Attentäter vom 11. September, oder?» Er winkte ab, als Haferkamp etwas erwidern wollte. «Schon klar, Martin, aber Fakt ist, dass heute noch oder wieder eine Menge Leute rumlaufen, die sich sagen, Baader und seine Vasallen, das waren nicht einfach gewalttätige Desperados, da muss mehr dahinter gesteckt haben.»

«Gott ja», entgegnete Haferkamp, «genau wie wir damals. Dabei hatte die RAF für uns einfach nur den Finger in eine große Wunde gelegt: die Selbstunsicherheit der bundesdeutschen Nachkriegspolitik. Das haben wir damals gespürt, benennen konnten wir es nicht. Und genau aus dem Grund sollten wir uns von diesen Texten verabschieden.»

«Es sei denn, wir geben zu den Tickets gleich noch ein Heft mit Erläuterungen raus.» Dagmar gähnte. «Ich fürchte, ich bin bettreif. Ich seh schon alles doppelt.»

Kai Janicki schlug die Decke zurück und atmete ein paar Mal tief durch. Er schlief immer schlecht in Hotelzimmern, die trockene Heizungsluft, obwohl er das Fenster geöffnet hatte, war ihm zu warm.

Bis Viertel vor zwei hatten sie gearbeitet, er hatte sich sauwohl gefühlt. Er wusste, dass es eigentlich sein Gewissen war, das ihn nicht zur Ruhe kommen ließ. Er hatte sich amüsiert, die intellektuelle Herausforderung genossen, die Gesellschaft von Martin und Dagmar, sogar einzelne Rollen hatte er schon angespielt, und der Applaus war ihm runtergegangen wie Butter.

Und zu Hause war Bettina allein mit ihrem ganzen Elend. Morbus Crohn – seit jetzt mehr als vier Jahren. Urteil: lebenslänglich. Ein paar Monate war gläserne Ruhe gewesen, jetzt der neue Schub. Sie war wieder krankgeschrieben. Das Unverständnis des Chefs und der Unmut der Kollegen, die ihren Unterricht schon wieder mit übernehmen mussten, äußerten sich deutlich in ihrem Schweigen. Und Bettina igelte sich ein, traute sich nicht mehr aus dem Haus, aus Angst, nicht schnell genug zur Toilette zu finden.

29

Er war bei ihr, wann immer es ging, half, tröstete. An diesem Wochenende nicht.

Was hatte den neuen Schub ausgelöst? War es ihr Aus bei der ‹13› gewesen? Sie war nur eingesprungen damals, all die Jahre ‹Ersatzfrau› gewesen, und im Grunde hatte sie sich auf der Bühne nie so recht wohl gefühlt. Aber sie hatte trotzdem alles mitgemacht von Anfang bis Ende, die Diskussionen, die Proben, die Fetzereien, die Auftritte, die Eitelkeiten.

Doch im letzten Jahr, kurz bevor die Proben begannen, hatte sie ins Krankenhaus gemusst, und Frieder hatte von nichts auf gleich einen Ersatz aus dem Ärmel gezaubert: seine neue Gespielin, Patricia, halb so alt wie er, bildhübsch, ein Knaller, die geborene Schauspielerin, ein Naturtalent. Sie hatte eingeschlagen wie eine Bombe, das Publikum hatte ihr aus der Hand gefressen. Es hatte gar keine Debatte mehr darüber gegeben, dass sie auch in diesem Jahr dabei sein würde. Für Frieder war das selbstverständlich gewesen, und Bettina hatte es hingenommen, nicht ein Wort darüber verloren, er selbst auch nicht. Verdammter Frieder, verdammter Crohn, verdammtes Scheißleben.

Im Dunkeln tappte er zum Waschbecken und trank einen Schluck Wasser, lauwarm. Dann stellte er den Wecker neu. Um sechs würde der Kleine Bettina wecken. Er konnte sie um halb sieben anrufen und hören, wie es ihr ging.

Für zehn Uhr hatte Martin ein üppiges Frühstück angesetzt. In Gottes Namen. Aber spätestens um zwölf wollte er los, in der Dreierrunde gab's sowieso nichts mehr zu besprechen. Notfalls konnte er den Zug nehmen, wenn Dagmar noch nicht fahren wollte.

Drei

«Ich bin dann weg», rief Maria aus dem Flur.

«Warte mal», antwortete Hansjörg Möller, speicherte seinen Text ab und ging zur Tür. «Gibt's denn heute kein Mittagessen?»

Maria kontrollierte ihre Frisur im Garderobenspiegel.

«Anscheinend nicht», sagte sie und bauschte das Haar an den Seiten ein wenig auf. «Es sei denn, du kriegst deinen Hintern hoch und stellst dich selbst an den Herd.»

«Ich habe zu arbeiten», knurrte er.

«Ich auch, stell dir vor! Wenn ich die neue Lieferung nicht einräume, geht es morgen im Laden drunter und drüber, aber das interessiert dich ja nicht.»

Möller schüttelte unwirsch den Kopf und stapfte dann wortlos ins Arbeitszimmer zurück.

Wodurch war er denn jetzt schon wieder in Ungnade gefallen? Hatte er es ihr nicht gut genug besorgt letzte Nacht?

Die Haustür fiel krachend ins Schloss, er schnaubte. Fast drei Monate lang hatte sie ihn Männchen machen lassen, bis er mal wieder randurfte. Und dann stellte sie auch noch Ansprüche. Er war über fünfzig, mein Gott!

Wenn sie es sich abends in einem ihrer Spitzenmieder vor dem Fernseher bequem machte, wusste er, dass er brav gewesen war und sich seine Belohnung abholen durfte. Belohnung? Auch diese Seidenfetzen konnten nicht vertuschen, wie sehr sie aus dem Leim gegangen war.

Er holte seinen Schlüsselbund aus der Hosentasche, schloss die Schreibtischlade auf und kramte Zigaretten und Streichhölzer hervor. Dann schnappte er sich sein Handy und ging auf den Balkon hinaus.

‹Eingespeicherte Nummern … Seidl, Frieder›, er drückte die Anwahltaste. Während er wartete, zündete er sich eine Zigarette an. Mist, wieder nur die Mailbox! Dabei musste er ihn dringend sprechen. Frieder war der Einzige, dem er vertrauen konnte. Martin und Kai schrieben sich selbst die besten Rollen auf den Leib. Und Dagmar? Die war ihm ganz schön schnippisch gekommen am Telefon. Und vor den dreien würde er sich bestimmt nicht nackt ausziehen. Der Mund wurde ihm trocken, als er an die Sketche dachte, die er geschrieben hatte. Es war ihm seit langem klar gewesen, dass er das Zeug dazu hatte, und sie waren ihm auf Anhieb gelungen. Der über die Fußball-EM war ein echter Brüller, das Publikum würde toben. Und dieses Mal würden sie ein paar Millionen Zuschauer erreichen. Er sah den Abspann der Sendung schon vor sich: ‹Griechischer Wein – Autor: Hansjörg Möller›. Er wollte, dass Frieder einen Blick auf die Texte warf, bevor er sie den anderen präsentierte, und ihm vielleicht noch den einen oder anderen Tipp gab. Frieder hatte ein Händchen für Komik, der knallte die Pointen nur so raus. Anders als Martin, bei dessen Sachen man schwermütig werden konnte, immer dieses Negative, Scheißintellektuelle. So etwas wollte doch heutzutage kein Mensch mehr hören. Das Leben machte einem auch so schon genug zu schaffen. Von morgens bis abends musste man sich behaupten, immer die Konkurrenz im Nacken. Man strampelte sich ab und kam doch nirgendwo an, ein Hamster in seinem Rad. Da war die Arbeit mit der ‹13› schon etwas anderes, die forderte ihn geistig heraus, gab ihm die Möglichkeit, seine wahren Talente ins Spiel zu bringen.

Er rieb sich die Arme, es war viel zu kühl für Mitte September. Fröstelnd schnippte er den Zigarettenstummel über das Balkongitter, ging ins Zimmer zurück und setzte sich wieder an den Computer. Er schloss die Datei – am neuen Prospekt konnte er weiterarbeiten, wenn Maria zurück war – und loggte sich ins Netz ein. Jeder Mensch brauchte hin und wieder ein bisschen Entspannung.

Es waren noch keine zehn Minuten vergangen, da hörte er, wie die Haustür aufgeschlossen wurde, und klinkte sich in fliegender Hast wieder aus.

«Im Laden ist die Heizung ausgefallen», rief Maria. «Ich habe den Sonntagsdienst angerufen, aber der kommt frühestens um fünf.»

Sie steckte den Kopf ins Zimmer. «Aha!» Es dauerte keine zwei Sekunden, da troff ihre Stimme vor Häme. «Wieder heimlich versaute Bilder von kleinen Pipimädchen geguckt?» Dann schnupperte sie. «Hast du etwa hier drin geraucht?»

Er schloss die Augen und holte tief Luft, dann drehte er sich um. «Wenn du dich selbst hören könntest! Der Nabel der Welt, das Maß aller Dinge!» Dann verzog er verächtlich den Mund. «So eine heiße Nummer bist du wahrhaftig nicht!»

Lachend warf sie den Kopf in den Nacken. «Aber du, ja?»

Mit steifen Beinen stand er auf, weiß wie die Wand.

Sie gluckste noch. «Jetzt komm wieder runter, Jörg», sagte sie dann. «Ich hab's nicht so gemeint.»

Aber er schob sie aus dem Weg und riss seine Jacke vom Garderobenhaken. «Ich geh mit dem Hund.»

«Gute Idee», antwortete sie mit nörgeligem Säuseln. «Und ich koch uns in der Zeit was. Worauf hast du Lust?»

«Mir egal.» Er nahm die Hundeleine und stieß einen scharfen Pfiff aus. Cora kam aus der Küche getrottet.

«Ach Mensch, Jörg.» Maria tätschelte ihm die Wange. «Jetzt sei wieder lieb, ja? Du weißt doch, dass ich manchmal eine blöde Ziege bin, das geht einfach mit mir durch.»

Er leinte die Hündin an. «Bis nachher.»

Auf der Straße wandte er sich nach links Richtung Wald. Dort würde er um diese Zeit seine Ruhe haben, die Sonntagsspaziergänger saßen noch beim Mittagessen.

Er schritt schnell aus und achtete nicht auf das Hecheln der alten Hündin. Trotz des frischen Windes sammelte sich Schweiß auf seinem Rücken.

Was sollte der ganze Zirkus? Maria hatte es verdammt gut bei ihm, oder etwa nicht? Hatte sich um nichts kümmern, nie arbeiten müssen. Als sie geheiratet hatten, war seine Firma schon etabliert gewesen und hatte guten Gewinn gemacht. Die Durststrecke der Anfangsjahre hatte er ganz allein durchgestanden. Sie hatte sich ins gemachte Nest setzen können, zusammen mit ihrem Sohn, der damals sechzehn gewesen war. Ein großmäuliger Flegel, der nichts als Scherereien gemacht hatte. Und wer hatte die letztendlich ausgebügelt?

Maria bestimmt nicht! Sie hatte diesen Verlierer von vorn bis hinten bedient und verhätschelt. Und dankte der Knabe es ihr? ‹Lebenskünstler›, schimpfte er sich, gondelte durch die Weltgeschichte, Surfchampion, Tauchlehrer, Fitnesstrainer in L. A., mittlerweile schickte er seiner Mutter nicht einmal mehr eine Weihnachtskarte.

Und dann ihr Spleen mit dem eigenen Laden, Pendel,

Steine, Aromatherapie, Mandalas, die ganze Palette. Plötzlich wollte sie Fachfrau für Esoterik sein, lächerlich, Maria war die Nüchternheit in Person. Aber hatte er etwa nicht nachgegeben und die Idee finanziert?

War es denn nie genug?

Martin Haferkamp räumte den Schinkenspeck und die Eier wieder in den Kühlschrank. Aus dem entspannten Frühstück war nichts geworden. Kai war nervös und wortkarg gewesen und hatte so schnell wie möglich heimfahren wollen. Da war auch ihm und Dagmar die Lust auf ein ausgiebiges Mahl vergangen, und sie hatten sich mit Tee und Toast begnügt.

Vermutlich ging es Bettina wieder schlechter, aber wenn Kai in dieser Stimmung war, hatte es keinen Sinn nachzufragen. Man musste ihm Zeit lassen, das war schon immer so gewesen.

Er goss sich noch einen Becher Tee ein, nahm ihn mit zum Schreibtisch und fächerte den nächsten Stapel Fotos auf: 1976, da hatten sie schon selbstbewusster auf der Bühne gestanden. Zweihundert Jahre USA, er selbst als Uncle Sam – er musste schmunzeln –, endlich hatte sein Bart einmal zur Rolle gepasst.

Einige von ihnen hätten sicherlich das Zeug dazu gehabt, aus dem Hobby einen Beruf zu machen. Dagmar und Kai als Autoren und auf der Bühne, Hartmut als Komponist und Frieder sowieso, der war die geborene Rampensau.

Warum hatte keiner von ihnen den Sprung gewagt?

Sie hatten sich doch lauthals gegen die Ideologie ihrer Eltern aufgelehnt, gegen die traditionelle Rollenverteilung gewettert, die überkommenen moralischen Werte verteufelt. Hatten sich immer wieder gegenseitig versichert, dass alles möglich war, dass sie, wenn schon nicht die Welt, so doch dieses Land neu gestalten würden. Aber als sie die Uni verlassen hatten und in alle vier Winde verstreut worden waren, hatte jeder von ihnen die Sicherheit gewählt, finanzielle Sicherheit, einen soliden Beruf. Bei den Treffen auf Schloss Gnadenthal hatte man einander berichtet und genickt, hinterfragt oder kommentiert hatte keiner. Auch nicht, als sie nach und nach, mehr oder minder erfolgreich, klassische Familien gründeten und die Mädels, zumindest in den ersten Jahren, selbstverständlich die Kinderaufzucht übernahmen.

Der Tee war kalt geworden und schmeckte bitter. Er schob den Becher weg und griff zum nächsten Foto: die Proben zum Sketch über Berufsverbote, Hansjörg und Maria, wie sie sich anbrüllten. Meine Güte, hatten die beiden sich gefetzt! Hansjörg hatte schon als junger Mann etwas Muffiges, Verkniffenes gehabt, und Maria spielte gern das toughe Weib. Ständig waren sie aneinander geraten, und es war ihm bis heute schleierhaft, wieso sie plötzlich unter den Augen der versammelten ‹13› in leidenschaftlicher Liebe entbrannt waren. Wann war das gewesen, 87, 88? Maria war als ledige Mutter an die Uni gekommen. Sie hatte vor dem Abi ein Kind gekriegt, die Frucht einer Affäre mit einem Gastarbeiter, der, als er von dem Malheur erfahren hatte, schleunigst nach Griechenland abgedampft war. Für Maria war das Kind kein großes Problem gewesen, sie hatte ihr Studium absolviert – Sozialpädagogik – und den Kleinen von ihrer Mutter großziehen lassen.

Der «Kleine» musste inzwischen über dreißig sein, keine Ahnung, was aus dem geworden war.

Er wählte eine Reihe von Fotos aus und legte sie nebeneinander: Frieder und die Mädels. Keine, die sich nicht in Szene gesetzt hätte, wenn er in der Nähe war, so viele Augenaufschläge, so viele flinke Zungenspitzen, die über geschürzte Lippen glitten.

Der Sketch über die Peter-Lorenz-Entführung, Sibylle und Frieder auf der Bühne, in der Kulisse er selbst zusammen mit Dagmar, die nach Luft schnappte.

«Ich fasse es nicht, die hat sich tatsächlich von ihm flachlegen lassen!»

Er war vollkommen verblüfft gewesen. «Du spinnst ja!»

«Gott, bist du blöd! Das sieht doch ein Blinder, guck sie dir doch an.»

Knallrot im Gesicht hatte Dagmar weiter Gift gespuckt. Erst drei Jahre später war ihm klar geworden, warum.

Er schob die Fotos zusammen. Schon damals hatte er nicht verstanden, was die Mädels so angezogen hatte. Frieder war kühl, schnell gelangweilt, leicht genervt und schenkte anderen wenig Beachtung. ‹Geheimnisvoll›, hatte Dagmar ihn genannt. Mit den Jahren hatte er gelernt, dass viele Frauen solche Kerle begehrenswert fanden, dabei war deren ‹Geheimnis› leicht zu lüften. Entweder waren sie schlicht hohl und hatten nichts zu sagen, oder sie waren vollkommen selbstbezogen und nicht daran interessiert, vielleicht auch unfähig, eine gleichberechtigte Beziehung aufzubauen.

Die Frauen in seinem Alter waren die erste Generation Mädchen gewesen, die man gefragt hatte: ‹Was willst du denn mal werden, wenn du groß bist?› Von ihnen hatte man nicht mehr erwartet, dass sie begierig darauf waren, in die angestammte Hausfrau-und-Mutter-Rolle zu schlüpfen. Dagmar, Johanna, Maria, Bettina …, das waren

selbstbewusste Frauen mit tollen Berufen, die jedem an die
Kehle springen würden, der auch nur entfernt nach Macho
roch. Doch auf die Frieders dieser Welt fuhren sie immer
noch ab.

Aber nicht nur die Mädels hatten Frieder zu Füßen
gelegen. Haferkamp betrachtete ein Gruppenfoto – Auto-
grammstunde nach einer Vorstellung in Essen – Heinrich
Walterfang, der buckelnd Frieder Stift und Karten reichte.
Heinrich war ein mürrischer Säuerling gewesen, ein per-
sonifizierter Vorwurf an die Welt, aber wenn er die Beachtung seines Gurus gefunden hatte, war für ihn die Sonne
aufgegangen. Daran hatte sich in all den Jahren nicht viel
geändert. Zwar hatte er damals sein Studium schon nach
zwei Semestern geschmissen, aber als ‹Mädchen für alles›
war er der Truppe treu geblieben und, vermutlich auf
Frieders Einladung hin, immer pünktlich auf Gnadenthal
erschienen, wo er damit protzte, wie viele Platten von der
‹13› er übers Jahr verkauft und welche ‹Connections› er für
sie aufgetan hatte.

Haferkamp gähnte und reckte sich, fünf Stunden Schlaf
waren einfach nicht mehr genug.

Wenn er es recht bedachte, war kaum einer von ihnen
in dem Beruf gelandet, auf den er hin studiert hatte. Als er
sein Examen gemacht hatte, war die Lehrerschwemme auf
ihrem höchsten Stand gewesen, und bis heute war er dankbar dafür. Er wäre ein grauslicher Lehrer geworden. Ob die
anderen genauso froh waren, dass ihr Lebensplan nicht glatt
aufgegangen war, wusste er nicht. Es gab eine Menge Dinge, über die sie nicht redeten, wenn sie zusammen waren.

In den ersten Jahren hatten sie öfter die Sommerurlaube
gemeinsam verbracht, die ganze Bande mit den jeweiligen

38

Partnern, und er hatte geglaubt, sie alle durch und durch zu kennen. Später war ihm aufgegangen, wie viel sie voreinander versteckt hatten. Er wusste kaum etwas über die Familien, aus denen sie kamen. Über ihre Väter hatten sie nie gesprochen. Dabei wäre das doch nahe liegend gewesen bei all ihren politischen Auseinandersetzungen und ihren immer wiederkehrenden Nummern gegen Rechtsradikale.

Sein eigener Vater war in der SA gewesen, das hatte er aufgeschnappt, als er noch klein gewesen war, wenn ‹alte Kameraden› bei ihnen zu Hause eingekehrt waren und in Erinnerungen geschwelgt hatten. Die Männer hatten wenig miteinander gemein gehabt, aber der Krieg hatte sie zu Blutsbrüdern gemacht. Die Information hatte in ihm geschlummert, bis in der Schule das ‹Dritte Reich› durchgenommen wurde, und auf einmal hatten sich die beiden Hälften seines Vaters, die ihn immer so verstört hatten, der besoffene Stolz beim Schwelgen mit den Kameraden auf der einen Seite und das tägliche Kleinlaute, beinahe Unterwürfige auf der anderen, zu einem Ganzen gefügt. Und als er einen Bruchteil davon verstanden hatte, hatte er, glühend vor Empörung, angefangen, Fragen zu stellen, zu bohren, immer und immer wieder, mitleidlos. Aber sein Vater hatte beharrlich geschwiegen und war ihm fortan aus dem Weg gegangen, und er hatte alle Achtung vor diesem Mann verloren.

Heute bedauerte er es oft, dass er sich, seit er fünfzehn gewesen war, nicht mehr um diesen Menschen bemüht hatte, ihm, wenn überhaupt, mit selbstgerechtem Stolz begegnet war.

Sein Vater war vor fünfzehn Jahren gestorben. Er würde nie mehr etwas erfahren über dessen Kindheit, über seine

Gefühle, Träume und Ängste. Er wusste nichts darüber, wie er hatte weiterleben können nach seinen Kriegserfahrungen, ob Lachen und Lieben ihm danach schwer geworden waren. Er wusste nur, dass er in der SA gewesen war.

Vier   Aus der Küche kam Stimmengemurmel.

Hansjörg Möller brauchte gar nicht nachzuschauen, wer der Besucher war, er konnte ihn riechen: Walterfang. Blieb ihm denn nichts erspart? Er hängte die Hundeleine auf und tätschelte Cora die Flanke. Dann ging er ins Bad, wusch sich die Hände und spritzte sich Wasser ins Gesicht.

«Jörg, bist du das?», rief Maria.

«Wer soll es wohl sonst sein?», murmelte er ins Handtuch. «Komme gleich», rief er zurück.

Heinrich Walterfang – seit dreißig Jahren ging einem der Kerl schon auf die Nerven, klebte wie Kaugummi unter der Schuhsohle. Er war überzeugt davon, der eigentliche Manager der ‹13› zu sein. Merkwürdig eigentlich, dass Frieder dem nie beherzt einen Riegel vorgeschoben hatte. Jeder hielt sich den Typen möglichst vom Leib, nur Maria meinte, sie müsste ihn unter ihre Fittiche nehmen.

Walterfang war ein Schmarotzer erster Güte. Das Studium hatte er schon im zweiten Semester an den Nagel gehängt – «Du, ehrlich, das gibt mir irgendwie nichts». Seitdem hatte er zahllose Jobs gehabt, die er allesamt schon nach kürzester Zeit wieder hingeschmissen hatte, weil es einfach nicht «das Richtige» war, weil man doch tatsächlich Überstunden von ihm erwartete, weil er «Rückenprobleme» hatte. Er wohnte immer noch bei seiner alten Mutter und schwatzte ihr die Rente ab.

Möller stieß die Küchentür auf. Da saß die Zecke breitbeinig am Tisch, speckige Jeans, Schweißränder auf dem fadenscheinigen T-Shirt, das blonde Haar fiel ihm in fettigen Zotteln bis auf die Schultern.

«Grüß dich, Heinrich!»

«Hallo …», kam es mürrisch zurück.

Maria war dabei, den Tisch zu decken. «Es gibt Chili. Gut, dass ich so viel gekocht habe. Als hätt ich's gerochen.»

Möller grinste in sich hinein, öffnete das Fenster und setzte sich Walterfang gegenüber an den Tisch. «Und? Was verschafft uns die Ehre?»

Walterfang runzelte finster die Brauen. «Ich dachte, ich schnei mal bei dem ein oder anderen rein. Vielleicht gibt's ja noch was zu besprechen, bevor die Proben losgehen.»

«Also bist du quasi auf Rundreise. Hast du neuerdings ein Auto?»

«Ich? Wovon denn? Nee, ich bin getrampt.»

«Das macht man heute noch?» Möller griente.

«Es wird immer schwieriger», nörgelte Walterfang, «aber ich habe ja keine Wahl.»

Möller schnaubte verächtlich, und Maria knallte drei Flaschen Bier vor ihm auf den Tisch. «Mach mal auf und gieß ein!»

Dann stellte sie die Pfanne mit dem Fleischgericht in die Mitte. Walterfang griff sofort zur Kelle und schaufelte sich mehr als die Hälfte davon auf seinen Teller. «Sieht lecker aus.» Mit der anderen Hand plünderte er den Brotkorb.

«Na, Hauptsache, du wirst …», setzte Möller an, aber Maria brachte ihn mit einem kräftigen Tritt gegen das Schienbein zum Schweigen.

Walterfang verputzte schweigend seine Portion, dann

42

überzog eine Art Lächeln sein Gesicht, und er verlegte sich aufs Plaudern. «Hört mal, die Luise will noch einen zweiten Abend mit uns machen.»

«Welche Luise?», fragte Möller verständnislos.

«Na, die Chefin vom ‹Schwarzen Adler›.»

«Ach die», sagte Möller gedehnt, «nein, klar, hätte ich drauf kommen müssen. Und wieso sagt sie dir das? Für den Tourplan ist doch Frieder zuständig.»

«Ach, mit der Luise bin ich schon seit Jahren eng befreundet. Ist doch klar, dass die sich an mich wendet.»

Möller ließ ihn reden und beeilte sich mit dem Essen. Schließlich schnappte er sich das letzte Stück Brot und stand auf. «Ich muss noch arbeiten.» Er tippte sich an die Stirn. «Man sieht sich.»

Erst zwei Stunden später hörte er die Haustür ins Schloss fallen, und keine zehn Sekunden danach stand Maria bei ihm im Zimmer. «Du warst mal wieder absolut unmöglich! Dabei geht's dem Heinrich echt beschissen. Er steckt in einer dicken Depression.»

Möller lachte schallend.

«Hör auf, Jörg, ich mein das ganz ernst. Wieso merkt das keiner von euch? Wenn Heinrich die ‹13› nicht hätte, ich weiß nicht, aber ich glaube, der hätte sich längst weggehängt.»

«Wäre sicherlich ein Gewinn, aber selbst das bringt der nicht.»

Es war ein Fehler gewesen, sich hinzulegen, um ein wenig Schlaf nachzuholen.

Haferkamp hatte schon einen doppelten Espresso getrunken, aber er fühlte sich immer noch benommen. Dabei wollte er unbedingt die Fotografien weitersichten, denn in den nächsten beiden Tagen würde er kaum dazu kommen. Morgen Abend fand im Laden eine Lesung statt, ein junger Lyriker, Türke der zweiten Generation, ein außergewöhnliches Talent. Üblicherweise lud man den Autor hinterher noch zum Essen oder wenigstens auf ein Getränk ein, und so würde er kaum vor Mitternacht wieder zu Hause sein. Am Dienstagabend war er mit Freunden zum Doppelkopfspielen verabredet, das wollte er auf gar keinen Fall ausfallen lassen. Den ganzen Sommer über hatte ihm der Sinn nicht nach Vergnügen gestanden, und er hatte ein ums andere Mal abgesagt.

Er ging auf die Dachterrasse hinaus und ließ sich so lange vom Wind durchpusten, bis er fror, dann setzte er sich an den Schreibtisch.

Der Fotostapel von 1979 war besonders dick, kein Wunder, es waren auch die Bilder von ihrem Urlaub in der Bretagne dabei. Sie hatten eine alte Villa in der Nähe von Concarneau gemietet, für sechs lange Wochen. Auf drei Autos hatten sie sich verteilt und waren im Treck gefahren. Er hatte sich für die Tour den VW Variant seines Vetters geliehen, denn seinem altersschwachen Käfer hatte er eine so weite Strecke nicht mehr zugetraut.

Drei Autos, voll gepackt bis unters Dach, zehn Leute von der ‹13› und Hansjörgs damalige Flamme, eine verhuschte Siebzehnjährige, deren Namen er vergessen hatte. Maria und Hartmut waren schon Mitte Juli nach Israel geflogen, um dort bis zum Herbst in einem Kibbuz zu arbeiten, und Frieder hatte unverhofft einen Praktikumsplatz in einer Werbeagentur bekommen und war erst nach vier Wochen zu ihnen gestoßen.

Gott, was war die Anreise für eine Himmelfahrt gewesen! Sie hatten sich die Route vorher nur flüchtig auf der Karte angeschaut und waren einfach losgegondelt. Um zehn Uhr am Sonntagmorgen waren sie mit dem Vermieter zur Schlüsselübergabe verabredet gewesen und irgendwann spät am Samstagabend in Duisburg abgefahren. Kurz hinter Paris hatten sie, als Belohnung dafür, dass sie die Périphérique überlebt hatten, ausgiebig Rast gemacht und das Picknick verzehrt, das Dagmar und Johanna vorbereitet hatten. Als sie endlich wieder in die Gänge gekommen waren, bis auf die Fahrer alle einigermaßen benebelt vom guten Aldiwein, hatte Kai feststellen müssen, dass die Batterie in seinem Kadett leer war – er hatte das Licht brennen und das Autoradio dudeln lassen. Selbstverständlich hatte niemand ein Überbrückungskabel dabeigehabt, und so hatte Hansjörg Kai in den Schlepp genommen, und er selbst war dicht hinter den beiden geblieben und hatte stumm gebetet, dass sie keiner Polizeistreife begegneten. Mit einem unbeleuchteten Fahrzeug in tiefster Nacht auf der Autobahn erwischt zu werden, das wäre verdammt teuer geworden.

Als sie endlich bei der Villa angekommen waren, war es weit nach Mittag gewesen, und der Vermieter hatte sie mit einem Schwall unmissverständlicher Sätze empfangen. Sie hatten Johanna vorgeschickt, die als Einzige einigermaßen Französisch sprach, und so hatten sich die Wogen schnell geglättet.

Das Haus war alt, verwinkelt und ein bisschen muffig, aber es lag gleich hinter den Dünen, keine hundert Meter vom Strand entfernt, und es hatte einen riesengroßen Garten mit knorrigen, Schatten spendenden Bäumen. Die

Betten waren schmal, die Matratzen klumpig, aber nach dem allabendlichen ausgiebigen Weingenuss hatte ihnen das wenig ausgemacht. In den Dünen wuchsen jede Menge Brombeersträucher, die dicke, reife Beeren trugen. Er hatte einen neuen Crêpe erfunden, nun ja, zumindest die dünnsten Pfannkuchen gebacken, die man in der Alupfanne mit verbeultem Boden hinkriegen konnte: bestrichen mit einem Hauch Crème fraîche, belegt mit Pfirsichschnitzen – auf dem Markt in Concarneau gab es für wenig Geld herrliches Obst – und den frisch gepflückten, in Butter und Zucker sautierten Brombeeren, darüber geraspelte Schokolade. Mindestens zweimal in der Woche hatte er seine Kreation auftischen müssen.

Und abends ‹Sangria blanc›. Keiner von ihnen hatte viel Geld gehabt, und guter Rotwein war teuer, aber sie hatten im Supermarkt einen ganz ordentlichen Weißwein entdeckt, und Johanna hatte daraus mit Apfelsinen, Zitronen, viel Zucker und einem großzügigen Schuss Rum eine Sangria gemixt, ein Gebräu, das er heute sicher nicht mehr anrühren würde, das aber damals zu ihrer Sommerlaune gepasst hatte.

Johanna … er war ziemlich verknallt in sie gewesen, aber zu mehr als trunkenen Knutschereien auf der Wiese unterm Sternenhimmel war es nicht gekommen.

Es war ein phantastischer Sommer gewesen, den ganzen August hindurch nur Sonnentage, die sie träge am Strand verbrachten. In den Dünen hatten sie eine geschützte Mulde entdeckt, wo die Mädels ihre Bikinioberteile ablegen und sich brutzeln lassen konnten. Nur Dagmar hatte die Sonne gemieden, war blass und zerbrechlich und sehr still gewesen, und oft sah sie so aus, als hätte sie geweint.

Außer ihm war das niemandem aufgefallen, nicht einmal Rüdiger. Der war total aus dem Häuschen gewesen, weil Dagmar und er endlich den Heiratstermin festgelegt hatten.

Wenn sie alle beim Abendbrot saßen, sonnentrunken, aber noch nicht im Sangrianebel, und gerade nicht über die Probleme in ihren jeweiligen WGs oder den Weltfrieden diskutierten, hatten sie die Hochzeitsfeier geplant: alternativ, ohne Kirche, ein rauschendes Fest mit Folkmusik und Kabarett und, bitte, keine krummbucklige Verwandtschaft, höchstens die Eltern. Mit steigendem Alkoholpegel waren die Pläne immer kühner geworden. Und Dagmar hatte dazu gelächelt und gelächelt.

Er ertappte sie schließlich auf dem Klo, wo sie sich die Seele aus dem Leib kotzte.

«Was ist los mit dir?»

«Nix, lass mich in Ruhe!»

«Komm hoch, hier, wisch dir den Mund ab.»

«Lass mich!» Ihr Gesicht war schweißnass.

Er nahm sie in die Arme, drückte ihren Kopf an seine Schulter. «Komm, wir gehen runter zum Strand. Die sind alle so besoffen, die kriegen eh nichts mehr mit.»

Da hielt sie sich nicht länger zurück. Ihre Schluchzer waren wie Würgen, und als sie endlich ein bisschen ruhiger wurde, war sein T-Shirt nass, und sie konnte kaum noch aus den Augen schauen.

«Komm!» Es war Vollmond, aber der Weg war uneben, sie stolperten, und sie riss sich die Hand am Brombeergestrüpp auf. Er lutschte das Blut weg, und sie fing wieder an zu weinen. Aber dann hatten sie es geschafft und ließen sich in den Sand fallen.

«Was ist los mit dir?»

Sie zuckte die Achseln und blickte ins Leere.

«Du willst gar nicht heiraten, oder?»

«Was?» Dann lachte sie zitternd auf.

Er zog sie zwischen seine Beine, ihr Rücken an seinem Bauch, und knetete ihre Hände. Sie ließ die Schultern fallen und senkte den Kopf.

«Ich hatte eine Abtreibung.»

Er war völlig vor den Kopf gestoßen, bekam kein Wort heraus, fand den Sinn nicht.

«Es war Frieders Kind.»

Die Brandung war auf einmal unerträglich laut. «Dagmar …»

Sie riss sich los und fuhr zu ihm herum, Tränen und Rotz im Gesicht.

«Ja!», brüllte sie. «Ja, stell dir vor, ich war mit Frieder zusammen! Und nicht nur einmal!»

Er gab nur Blödsinn von sich: «Aber … Rüdiger … die Hochzeit … abgetrieben … Frieder? Das ist doch alles nicht wahr!»

Sie rückte von ihm weg und wischte sich mit den Händen das Gesicht ab.

«Doch, schon seit über einem halben Jahr. Und Rüdiger … es wär mir egal gewesen, wenn … Oh, Scheiße!» Sie schaute ihn an und seufzte, dann legte sie den Kopf in seinen Schoß.

Ihm war immer noch ein wenig schwindelig, aber er fing an, ihre Stirn zu streicheln. «Erzähl.»

«Es war … Frieder … es ist halt einfach passiert, mein Gott! Es war toll, es war aufregend, es war … Ich weiß auch nicht, Martin.»

«Aber ...» Er musste sich räuspern. «Aber was ist mit Rüdiger, mit eurer Hochzeit?»

«Ach, Rüdiger!»

«Tut mir Leid, dass ich so langsam bin, aber ich muss das erst mal auf die Reihe kriegen.»

Sie setzte sich wieder auf. «Was ist daran so schwierig? Ich bin schwanger geworden. Und ich hab's ihm sofort gesagt, und Frieder ist ... Er ist total ausgeflippt.»

Er schaffte immer noch nicht mehr als belämmerte Halbsätze: «Frieders Kind ...» Aber schließlich bekam er sich in den Griff. «Du hast Frieder gesagt, dass du von ihm schwanger bist. Und dann?»

«Und dann?» Ihre Stimme war voller Hohn. «Dann hat er mir gesagt, ganz ruhig, ganz klar: Was für ein dummes Malheur, aber das kriegen wir schon ausgebügelt, keine Sorge. Ich habe eine Adresse in Holland, eine anständige, kein Pfusch. Wir schmeißen zusammen, und wenn du willst, fahre ich auch mit, war ja schließlich auch mein Fehler.»

Sie schluckte trocken, und ihm wurde plötzlich kalt.

«Und ich hab ... Martin, ich hab wirklich geglaubt ... Wie dämlich kann man eigentlich sein? Ich hab's ihm sogar gesagt. Und weißt du, was dann von ihm kam? Jetzt werd bloß nicht sentimental! Ich mache den Termin in Holland, und du siehst zu, dass du eine Ausrede für Rüdiger findest, warum du für zwei Tage wegmusst.»

«Dieses Schwein!»

«Ach was!» Jetzt klang sie wieder nur müde, blass und zerbrechlich. «Ganz so war's ja nicht. Er hat mir schon erklärt, warum er niemals Kinder in die Welt setzen will. Seine Familie war wohl nicht das Gelbe vom Ei, und er ist nicht in der Lage, Verantwortung für ein Kind zu übernehmen, kann ihm nicht gerecht werden, und das weiß er, und deshalb hat er sein Leben anders geplant.»

Ihm war speiübel, aber er wollte es hören. «Dagmar? Wenn Frieder das Kind gewollt hätte, wärst du dann mit ihm zusammengeblieben?»

Sie seufzte. «Glaub schon, ja, doch, sicher.»

«Geht es dir denn gut? Körperlich, meine ich. Ist alles in Ordnung?»

«Ich denke schon. Ich blute nicht mehr.»

Als sie zur Villa zurückkamen, waren schon alle ziemlich betrunken und begrüßten sie mit lautem Gejohle. Keiner fragte, woher sie kamen, wo sie gewesen waren.

«Gebt mir endlich was zu trinken!», hatte Dagmar gerufen, und in den letzten drei Ferienwochen, selbst nachdem Frieder angekommen war, hatte sie bei einer Menge Alkohol auf Partygirl gemacht.

Er schob die Fotos zusammen und legte sie zur Seite — das Fernsehen interessierte sich vermutlich nicht für ihre gemeinsamen Ferienreisen.

Er hatte plötzlich Lust auf eine Zigarette, dabei rauchte er schon seit Jahren nicht mehr, allenfalls mal eine Zigarre nach einem guten Essen.

Hier waren die Bilder von ihrem ersten Auftritt in dem Jahr: Kai, Dagmar und er selbst in einem Sketch über das erste Retortenbaby. Frieder als neuer Papst, er hatte einen sagenhaften Woytila hingelegt. Ein Massenauftrieb, fast die ganze Truppe auf der Bühne — die Russen besetzen Afghanistan. Das Bild kam sicher gut an, aber auch das Foto von Hansjörg als vertriebenem Schah von Persien war nicht schlecht.

Es klingelte.

Haferkamp erhob sich nur widerwillig. Er mochte es überhaupt nicht, wenn ihn jemand unangemeldet besuchte. Als er die Tür öffnete, stöhnte er innerlich laut auf, vor ihm stand Heinrich Walterfang.

«Grüß dich, Martin. Ich dachte, ich schau mal rein.» Dabei versuchte er zu lächeln und entblößte seine pelzigen Zähne.

Haferkamp wich einen Schritt zurück, der Gestank nach altem Schweiß und etwas Bittersüßlichem umwaberte ihn wie eine Wolke. «Woher hast du denn meine neue Adresse?»

«Von Maria.» Walterfang spähte ihm über die Schulter. «Sieht nach 'ner schicken Bude aus.»

Martin Haferkamp fügte sich in sein Schicksal und trat zur Seite. «Komm rein! Ist dir nicht kalt nur so im T-Shirt?»

Walterfang schob sich an ihm vorbei. «Hab kein Geld für einen Mantel», nölte er und spazierte ungeniert durch die Wohnung, öffnete alle Türen, sah sich sogar gründlich im Bad um. «Doch, doch, wirklich schick. Na ja, den Seinen gibt's der Herr im Schlaf.»

Haferkamp biss sich auf die Lippen, er wusste, dass jeglicher Kommentar ihm nur endlose Tiraden einbringen würde. «Jetzt setz dich endlich hin und sag, was du von mir willst.»

Aber Walterfang hatte die Fotos auf dem Schreibtisch entdeckt. «Ach, guck mal ...»

Willkürlich zog er ein paar Bilder aus den Stapeln. Seine langen, eckigen Fingernägel trugen Trauer.

Jetzt platzte Haferkamp der Kragen. «Finger weg!», schimpfte er. «Du bringst mir ja alles durcheinander.»

Walterfang hob abwehrend die Hände. «Okay, okay, ist ja schon gut.» Dann schaute er Haferkamp aufgeräumt an.

«Wurde langsam Zeit mit dem TV-Auftritt, ne? Ich meine, ich hatte ja schon lange den Fuß bei denen in der Tür, hab eben nur meine Connections ein bisschen auffrischen müssen.»

Haferkamp hüstelte. «Du?»

«Klar, ich, und Frieder natürlich. Man muss einfach bloß immer am Ball bleiben.» Er ließ sich aufs Sofa plumpsen. «Wie wär's mit 'nem Kaffee?»

Haferkamp schaute demonstrativ auf seine Armbanduhr. «Na gut, einen auf die Schnelle. Viel Zeit habe ich nicht. Ich muss noch in den Laden.»

Damit ging er in die Küche, Walterfang folgte ihm auf dem Fuß. Als er Haferkamp mit der Espressomaschine hantieren sah, schnalzte er missbilligend. «Ich sag's ja, der Teufel scheißt immer auf den größten Haufen.»

Haferkamp knallte den Kaffeebecher auf die Arbeitsplatte. «Da, bitte!»

«Wo ist der Zucker?»

«Steht genau vor deiner Nase.»

Walterfang gab sechs Stücke in seine Tasse, rührte mit der Zuckerzange um und leckte sie ab, dann hockte er sich auf die Tischkante. «Ich hab mich neulich ein bisschen ausführlicher mit dem Volker unterhalten», meinte er versonnen. «Ganz netter Typ eigentlich.»

Ach, dieses Spielchen schon wieder! Aber Haferkamp tat ihm den Gefallen: «Welcher Volker?»

«Na, Volker Pispers. Wie gesagt, ganz netter Typ, lässt sich auch mal was sagen. Ich meine, wir sind schließlich schon 'ne Stange länger im Geschäft als der.»

Haferkamp verschluckte sich so gründlich, dass ihm die Tränen übers Gesicht liefen.

«Komm», krächzte er, als er endlich wieder Luft bekam, «wir gehen wieder ins Wohnzimmer.»

Er setzte sich in den Sessel, der am weitesten entfernt vom Sofa stand.

«Also, was kann ich für dich tun?»

Walterfang machte große Augen. «Du für mich? Nee, nee, andersrum wird ein Schuh draus. Ich wollte wissen, ob ich noch was für dich regeln soll. Wenn du wegen der Aufzeichnung noch besondere Wünsche hast, dann könnte ich den Udo anrufen.»

Diesmal spielte Haferkamp nicht mit. «Ich bin wunschlos glücklich.»

«Ach so, na prima. Und mit den Texten, alles im grünen Bereich?»

«Alles bestens, Heinrich.»

«Sicher, hab auch gar nichts anderes erwartet, wenn ich ehrlich bin. Auf dich konnte man sich immer schon verlassen. Sag mal, kannst du mir fünfzig Euro leihen für den Zug?»

Na endlich, dachte Haferkamp und ließ ihn zappeln. «Du bist mit dem Zug gekommen?»

«Nein, natürlich nicht! Heiß ich Krösus? Ich bin getrampt.»

«Und was spricht dagegen, wieder zurückzutrampen?»

Walterfang simulierte Entspannung und breitete beide Arme auf der Sofalehne aus. «Ach, ich dachte, ich besuch mal die Bylle, und von hier kommt man direkt mit dem Zug nach Düsseldorf, wäre doch praktisch.»

Haferkamp schwenkte den Kaffeebecher unter der Nase hin und her. «Tut mir Leid, Heinrich», sagte er schließlich. «Ich verleihe grundsätzlich kein Geld. Aber ich mache

dir einen anderen Vorschlag: Du kannst bei mir im Laden
Bücher schleppen und Kartons zerreißen. Acht Euro die
Stunde. Wie wäre das?»

«Bar auf die Kralle?»

«Klar.»

Walterfang schüttelte vorwurfsvoll den Kopf. «Schwarz-
arbeit also. Wie kannst du nur? Gerade von dir hätte ich das
nicht gedacht. Für mich kommt das nicht in Frage, da habe
ich meine Prinzipien.»

«Ich senke schamvoll mein Haupt», murmelte Haferkamp.

Walterfang schaute ihn einen Moment irritiert an. «Aber
was anderes», sagte er dann. «Ich habe vorgestern mit Frieder
telefoniert. Er bleibt noch eine Woche länger in Hawaii.»

«Frieder ist auf Hawaii?» Haferkamp war verblüfft. «Und
du hast mit ihm telefoniert? Ich dachte, er ist für nieman-
den zu erreichen.»

Walterfang machte eine wegwerfende Handbewegung.
«Für mich schon. Ich war ein paar Mal in der Agentur und
habe seine Sekretärin belagert.»

Olfaktorisch, vermutlich, dachte Haferkamp. Ihr einfach
so dicht auf den Leib rücken, bis sie keine Luft mehr be-
kommt und aufgibt. Auch eine Waffe.

«Ich hatte nämlich einen Job bei einem Kurierdienst»,
fuhr Walterfang fort, «und da musste ich sowieso nach Düsseldorf.»

«Und was ist aus dem Job geworden?»

Walterfang zuckte die Achseln. «Der Boss war ein re-
aktionäres Arschloch.»

Haferkamp lachte. «Ach so, ist klar. Frieder macht also
Urlaub auf Hawaii.»

«Nicht nur Urlaub, Flitterwochen.»

Haferkamp verschlug es für einen Augenblick die Sprache. «Flitterwochen?», stammelte er. «Frieder? Du machst Witze.»

«Das ist kein Witz. Er hat vor drei Wochen geheiratet, in Las Vegas.»

«Patricia?»

«Wen sonst?»

Haferkamp verkniff sich die Antwort.

«Na, jedenfalls hat mir seine Sekretärin die Telefonnummer von seinem Hotel gegeben, und vorgestern hab ich ihn erreicht. Der ist auf Wolke Sieben, sag ich dir, total happy, und er lässt alle schön grüßen.»

Fünf Im Zimmer war es dämmrig, und es roch leicht nach Erbrochenem.

Bettina lag mit geschlossenen Augen auf dem Sofa und atmete flach durch den Mund. Auf dem Boden neben ihr stand ein Plastikeimer.

Kai Janicki wurde die Kehle eng. Sie war so dünn geworden.

«Hallo, Liebes.»

«Hallo», flüsterte sie und lächelte zittrig.

Er kniete sich neben sie und strich ihr das Haar aus der Stirn. «Du hast ja Fieber.»

«Nur ein bisschen.»

«Mein Gott», stieß er hervor, «warum hast du denn nichts gesagt? Ich wäre doch gar nicht gefahren, wenn ich gewusst hätte, dass es dir so schlecht geht.»

Sie strich ihm beschwichtigend über den Arm. «Gestern war es noch nicht so schlimm.»

«Hast du deine Medikamente genommen?»

«Natürlich.»

Er kam wieder auf die Beine. «Und wo steckt Paul?»

«Sitzt am Computer. Ich habe ihm ein Spiel eingelegt.» Sie verzog das Gesicht. «Tut mir Leid.»

«Herrgott, Bettina, du musst dich doch nicht entschuldigen. Ich seh mal nach ihm.»

Sie krümmte sich leicht und nickte.

Janicki ging hinüber in ihr gemeinsames Arbeitszimmer.

Sein Sohn bemerkte ihn gar nicht. Die Zunge zwischen die Lippen geklemmt, klebte er dicht vorm Bildschirm und fuhrwerkte wild mit der Maus. Seine glasigen Augen und die heißen Wangen sprachen Bände.

Mit ihrer Tochter waren sie damals viel konsequenter umgegangen. Der PC war tabu gewesen, und fürs Fernsehen hatte es feste Regeln gegeben. Erst als sie fünf gewesen war, hatte sie einige ausgewählte Kindersendungen schauen dürfen, und das auch nur viermal in der Woche für höchstens eine halbe Stunde. Und immer waren Bettina oder er dabei gewesen, um mitzulachen, zu erklären und, wenn nötig, zu trösten. Paul nannte mit seinen fünfeinhalb Jahren eine stattliche Sammlung Kindervideos und PC-Spiele sein Eigen und konnte schon seit langem sowohl den Videorecorder als auch den Computer bedienen.

Die Jahre mit ihrer Tochter waren nur so verflogen, ausgefüllt mit Nestbau und interessanten Urlaubsreisen zweimal im Jahr. Erst als Eva sich angeschickt hatte, zum Studium nach Süddeutschland zu gehen, hatte Bettina von einem zweiten Kind gesprochen. Sie war ganz begeistert gewesen von dem Gedanken, ihren Beruf aufzugeben, um nur noch für das Kind da zu sein und in ihrer Freizeit endlich wieder ernsthaft Musik zu machen, vielleicht sogar wieder in einem Orchester zu spielen. Und er hatte sie bei diesen Plänen voll und ganz unterstützt, denn er wusste, wie unglücklich sie in ihrem Beruf war.

Als er sie kennen gelernt hatte, war sie am Konservatorium gewesen, hatte Konzertgeigerin werden wollen, aber irgendwann hatte sie den Konkurrenzdruck nicht mehr ertragen und das Handtuch geworfen. Stattdessen war sie

Lehrerin geworden – und hatte es beinahe vom ersten Arbeitstag an bereut.

Trotz ihrer vierundvierzig Jahre war Bettina sofort schwanger geworden, in dem Alter natürlich eine Risikoschwangerschaft, aber das war ihr ein willkommener Grund gewesen, sofort aus dem Schuldienst auszuscheiden. Befreit von Stundenplänen, kleinkarierten Kollegen und gelangweilten Schülern, war nach und nach wieder die lebensfrohe, neugierige Frau zum Vorschein gekommen, in die er sich verliebt hatte. Sie hatten die Zeit der Schwangerschaft beide genossen und noch nicht einmal besonders darunter gelitten, dass ihre große Tochter aus dem Haus war, schließlich hatte ein neuer Lebensabschnitt vor ihnen gelegen.

Eva war ein pflegeleichter Säugling gewesen, ein fröhliches, ausgeglichenes Kleinkind, das man gern um sich hatte. Paul hingegen hatte vom ersten Lebenstag an seinen eigenen Kopf gehabt. Er schlief wenig, war immer in Bewegung, immer auf Entdeckungsreise und nie um einen Machtkampf verlegen. Die ersten Monate mit dem Kleinen waren ein Albtraum gewesen, Bettina war eingesponnen in Depressionen, mal weinend vor Erschöpfung, mal voller Hass auf ihren Mann, weil er täglich das Haus ‹verlassen durfte›, um zur Arbeit zu gehen. Paul war nicht einmal ein Jahr alt gewesen, da hatte sie einen Krippenplatz für ihn gefunden und sich selbst eine Stelle an einer Schule besorgt.

Und dann war der Crohn ausgebrochen.

Natürlich liebten sie Paul, doch auch wenn sie sich nicht trauten, es auszusprechen, so wussten sie doch beide, dass sie eine falsche Entscheidung getroffen hatten.

Er selbst hatte mittlerweile, bis auf die Arbeit mit der

‹13›, alles aufgegeben, was ihn aus dem Haus führte, seine Theater-AG, den Literaturkreis, das Tennisspielen. Es machte ihm nicht allzu viel aus, er fand genug Freude und Bestätigung in seinem Beruf. Im Gegensatz zu Bettina war er mit Leib und Seele Lehrer und Pädagoge, er kam mit den Kollegen aus, er mochte Kinder, und die Schüler mochten ihn.

Sein Talent und seine Liebe zur Schauspielerei hatte er erst entdeckt, als er schon im Studium gewesen war, und es war sinnlos, darüber nachzugrübeln, welche Wendung sein Leben hätte nehmen können, wenn er sich damals getraut hätte, ins kalte Wasser zu springen.

«Hallo, mein Großer!»

Paul zuckte erschrocken zusammen. Sein Gesicht zeigte deutliche Spuren von getrockneten Tränen. Hatte ihn das Spiel so aufgeregt, oder waren Bettina und er wieder einmal aneinander geraten?

«Hallo, Papa …» Paul drehte sich wieder zum Bildschirm um. «Ich muss nur noch zwei Level.»

«Prima! Dann speichere mal ab. Ich habe nämlich Hunger, und du kannst mir beim Kochen helfen.»

«Mann!» Paul zog einen Flunsch, aber Janicki legte seine Hand auf die Maus. «Soll ich's für dich speichern?»

«Das kann ich alleine!»

«Fein.»

Der Bildschirm wurde dunkel, und Paul rutschte vom Stuhl. «Mama hat wieder Crohn, aber sie hat gesagt, sie hat noch Pizza in der Kühltruhe, und die macht sie mir, wenn sie nicht mehr brechen muss.»

Janicki fuhr seinem Sohn durch das widerspenstige Haar. «Hast du geweint?»

«Nö …»

«Du hast aber ein ganz verschmiertes Gesicht. Am besten, du wäschst dir das ab, und ich guck in der Zeit, ob ich was Besseres finde als Pizza.»

«Ich will aber … Ich möchte aber bitte Pizza.»

Janicki lächelte. «Mal sehen. Jetzt lauf und wasch dich!»

Dann ging er ins Wohnzimmer zurück. Bettina hatte sich noch nicht bewegt.

Er wusste nicht, wie viele Bücher er inzwischen über Morbus Crohn gelesen, wie oft er im Internet recherchiert hatte in den Zeiten, in denen es ihr schlecht ging. In den Monaten dazwischen taten sie beide so, als gäbe es die Krankheit nicht, oder redeten sich ein, es wäre ein für alle Mal ausgestanden. Manche Experten gingen davon aus, dass eine psychische Stresssituation einen neuen Schub auslösen konnte, und er neigte dazu, ihnen Glauben zu schenken. Was mochte es diesmal gewesen sein? Bettinas Herz hing nicht an der ‹13›, sie war nicht erpicht darauf, auf der Bühne zu stehen, erlebte dabei nicht den Kick, den er selbst empfand. Aber vielleicht täuschte er sich auch.

Er zog die Rollläden hoch und öffnete die Terrassentür. «Ich lass mal ein bisschen Luft rein, ja? Hast du was gegessen?»

«Ich konnte nicht.» Sie fuhr sich mit der Zunge über die aufgesprungenen Lippen. «War's schön?»

«Wie bitte?»

«Ich meine Martin und Dagmar, seid ihr vorangekommen?»

«Ach so, ja, wir haben eine Menge geschafft. Ich glaube, das könnte ein verdammt gutes Programm werden.»

«Und Frieder? Ist er noch aufgetaucht?»

«Nein, der ist immer noch verschollen. Aber was soll's? Zur Not kriegen wir das auch ohne ihn hin.»

Bettina setzte sich vorsichtig auf und stellte die Füße auf den Boden. «Wie spät ist es eigentlich?» Sie fand ihre Armbanduhr auf dem Tisch. «Meine Güte, schon halb eins! Dann sitzt Paul schon fast drei Stunden vor dem Computer. Ist er okay?»

«Ihm geht's gut. Du weißt doch, dass du was essen musst.»

«Hab ich ja, ich hab Müsli gegessen.»

«Wann?»

«Gestern.»

Die Wut, die ihn plötzlich überfiel, war nur allzu vertraut.

Sie rappelte sich langsam auf. «Geht ja schon wieder», murmelte sie und streckte die Hand nach ihm aus. «Komm her und halt mich ein bisschen, und dann kümmere ich mich ums Mittagessen.»

Er nahm sie in die Arme. «Du kümmerst dich um gar nichts. Sind die Schnitzel noch im Kühlschrank, oder hast du sie eingefroren?»

«Im Kühlschrank, und im Gemüsefach ist noch ein halber Blumenkohl.»

«Hallo!» Paul kam hereingeflitzt, sein Pullover war vom Halsausschnitt bis zum Bund durchnässt. «Musst du nicht mehr brechen, Mama?»

«Nein, ich glaube, mir geht es schon besser.»

«Dann will ich Pizza!»

Janicki fasste ihn bei den Händen und zog ihn hoch. «Na los, hopp!»

Paul lachte, kletterte Kais Beine hoch und machte einen Überschlag.

Auch Janicki lachte. «Nix Pizza! Es gibt Schnitzel und Blumenkohl mit Käsesauce.»

«Okay.» Paul machte sich los und legte den Kopf schief. «Dann spiel ich weiter, bis das fertig ist.»

«Auf gar keinen Fall!» Bettina hatte ihre Uhr wieder angelegt und nahm den Eimer, um ihn ins Bad zu bringen. «Weißt du was?», meinte sie sanfter. «Papa kocht, und wir beide setzen uns an den Küchentisch und malen was.»

Paul schüttelte den Kopf und funkelte sie finster an. «Keine Lust. Malen ist blöd.»

«Wie wärs denn», schaltete Kai sich ein, «wenn wir zwei nach dem Essen in den Zoo gehen?»

In Pauls Gesicht arbeitete es eine Weile, dann lächelte er. «Aber wir bleiben ganz lange bei den Orangs, ja?»

«Aber sicher, mein Sohn, immer zu Diensten.»

Janicki ging in die Küche und öffnete den Kühlschrank. Am liebsten hätte er sich ins Bett gelegt.

«Ich bin wieder da!», rief Dagmar, aber sie bekam keine Antwort. «Rüdiger?»

Sie schaute auf dem Telefontischchen nach, wo sie sich Nachrichten hinterließen, wenn sie unverhofft aus dem Haus mussten, aber da lag kein Zettel. Dann öffnete sie die Schlafzimmertür. In letzter Zeit blieb Rüdiger, wenn er eine harte Woche gehabt hatte, sonntags oft den halben Tag im Bett liegen und grübelte und döste vor sich hin.

Der Kleiderschrank war geöffnet, das Bett zerwühlt, auf dem Fußboden lag ein nasses Handtuch. Sie merkte, dass sie wütend wurde. Das hastige Frühstück bei Martin und der wortkarge Kai auf der Rückfahrt hatten ihr sowieso schon die Laune verdorben, da musste sie nicht hier auch noch Rätselraten spielen. Entschlossen ging sie zum Telefon zurück und wählte Rüdigers Handynummer – es klingelte in seinem Arbeitszimmer. Sie fand den Apparat auf seinem Schreibtisch, verborgen unter einer Zeitung. Irgendetwas stimmte nicht, Rüdiger ging nie ohne sein Handy weg.

Außerdem war es furchtbar kalt hier drin. Anscheinend hatte er die Heizung gedrosselt, bevor er schlafen gegangen war, und vergessen, sie heute Morgen wieder hochzudrehen.

Rüdiger hatte nicht vor dem Abend mit ihr gerechnet, deshalb hatte er ihr auch keine Nachricht hinterlassen, war doch logisch. Ob er einen Spaziergang machte und das Handy absichtlich zu Hause gelassen hatte, um seine Ruhe zu haben? Sie packte ihre Reisetasche aus, räumte ihr Waschzeug ins Bad, nahm den Korb mit der Schmutzwäsche und trug ihn in die Küche. Rüdiger machte nie Spaziergänge, außerdem regnete es.

Im Spülbecken stapelte sich schmutziges Geschirr, und es roch nach angebrannter Milch.

Als sie jetzt seinen Wagen auf den Hof rollen hörte, ließ sie den Wäschekorb fallen, stürzte los und war schon vor ihm an der Haustür.

«Wo hast du gesteckt?» – «Du bist schon zurück?» Sie sprachen gleichzeitig, er grinste, stolzierte herein, aufgekratzt wie schon lange nicht mehr. «Wie war's?»

«Na ja …» Sie schloss die Tür. «Wo bist du gewesen? Ich hab mir schon Sorgen gemacht.»

Er ließ seinen Schlüsselbund aufs Tischchen fallen und schälte sich aus dem Mantel. «Ich habe mir ein Auto angeschaut.»

Sie blinzelte verwirrt.

«Eine Anzeige im Wochenkurier. Ich habe angerufen, und dann bin ich hingefahren.»

«Aber wir haben doch ...» Sie verstand überhaupt nichts. «Was denn für ein Auto?»

«Ein Jaguar», antwortete er, und seine Miene verschloss sich zunehmend. «Ein Liebhaberstück, wie es so schön heißt. Und ein echtes Schnäppchen, knappe 12 000 Euro. War schon immer mein Traum, dieser Wagen, weißt du?»

«Dein Traum?» Ihr blieb die Luft weg, aber er ließ sie stehen und schlenderte in sein Arbeitszimmer. Sie setzte ihm nach. «Dein Traum?» Ihre Stimme überschlug sich. «Uns bricht die Bude überm Kopf zusammen, und du willst 12 000 Euro für so eine blöde Kiste ausgeben?»

Er schaute sie ausdruckslos an und antwortete erst nach einer gemessenen Weile: «Ich will nicht, Dagi, ich habe schon. Der Vertrag ist unterschrieben.» Mit einer heftigen Handbewegung wischte er jeden Einwand beiseite. «Und bevor du jetzt anfängst, am Rad zu drehen: Ich habe gründlich darüber nachgedacht. Es ist höchste Zeit, dass wir unser Leben umgestalten. Es ist höchste Zeit, dass ich mir mal etwas gönne.»

Einen Augenblick lang starrte sie ihn nur an. «Aber ... aber es ist unser Geld, Rüdiger, unser gemeinsames Geld. Du kannst doch nicht einfach ...»

«Gut, dass du das ansprichst», unterbrach er ihr Stammeln. «Auch darüber habe ich gründlich und lange nachgedacht. Ab heute werden wir getrennte Konten haben. Hier mein Geld, dort dein Geld, damit es zu Szenen wie dieser gar nicht erst kommt.»

«Was?!»

Rüdiger ließ sich in seinen Sessel fallen und schloss die

Augen. «Wach doch endlich auf, Dagmar! Du wirst fünfzig, Liebste, fünfzig. Da läuft nichts mehr.»

Sie schluchzte auf und schlug die Hände vors Gesicht.

«O bitte, Dagmar, nicht wieder die Märtyrermasche. Ich weiß ja, dass es nicht deine Schuld ist, verflucht! Aber darum geht es nicht mehr, kapier das doch. Ich will endlich mein Leben genießen, meins, Dagmar, mein eigenes, beschissenes, kleines Leben, das, was davon übrig ist.» Er seufzte. «Verstehst du das?»

Sie presste die Fäuste gegen die Augen und taumelte hinaus.

«Und du solltest das auch tun», rief er ihr hinterher. «Um deinetwillen!»

Sechs Die Vergrößerung eines Fotos vom Kleinkunstfestival in Essen, das musste 1980 gewesen sein, alle Mitwirkenden auf der Bühne beim großen Finale.

Haferkamp musste unwillkürlich grinsen, als sein Blick auf die platinblonde Frau mit den Silberstiefeln fiel. An ihren Namen konnte er sich nicht erinnern, wohl aber an ihren grottenschlechten Auftritt, eine schlüpfrige Nummer auf Stammtischniveau. Die Dame war es nicht müde geworden zu erzählen, dass sie schon einmal im Fernsehen aufgetreten war, und hatte jedem, der nicht rechtzeitig die Beine in die Hand genommen hatte, ihre Autogrammkarte aufgedrängt. Schon bei den Proben hatte sie sich aufgeführt wie eine Diva, dem Veranstalter eine armlange Cateringliste präsentiert – Haferkamp hatte bis dahin nicht einmal gewusst, dass es so etwas gab –, am Maskenbildner herumgenörgelt und die Kollegen schikaniert. Alle hatten zähneknirschend den Mund gehalten.

Und dann Dagmar, ausgerechnet die gutmütige, nette Dagmar. Sie hatten hinter der Bühne auf das Finale gewartet, die Diva nervös trippelnd im blauen Kostümchen und mit blitzenden Silberstiefeln.

Dagmar, entspannt an der Wand lehnend, die Ruhe in Person. «Silberne Stiefel ...», hatte sie versonnen gemurmelt.

Die Diva hatte an ihrem Revers herumgezupft und ein wenig atemlos gelacht. «Ja ... ja. Gefallen sie dir nicht?»

«Nun ja, ich würde so was nie anziehen, aber … zu dir passen sie.» Freundliches Lächeln.

Die Diva hatte gekichert. «Die hat mir eine Freundin geschenkt. Kommen aus Italien.»

«Nichts anderes hätte ich erwartet», war es leichthin zurückgekommen.

Unterdrücktes Prusten aus verschiedenen Ecken.

Die Diva bekam einen fleckigen Hals, wollte sich abwenden, aber Dagmar hatte leise gelacht. «Irgendwie erinnerst du mich an ‹Flash Gordon›.»

Auch die Diva hatte wieder gelacht, verwirrt, aber hoffnungsfroh. «Ja? Witzig … aber eigentlich, wenn ich ehrlich bin, ich weiß gar nicht … Wer ist denn das, ‹Flash Gordon›?»

Und Dagmar just in dem Moment, als der Moderator die Diva auf die Bühne bat: «Das ist eine Comicfigur.»

Haferkamp erinnerte sich an den lautlosen Applaus der anderen hinter der Bühne, an Dagmars unschuldiges Gesicht und an seine Erleichterung, dass er sich nie eine Frau zum Feind gemacht hatte, damals jedenfalls noch nicht.

Sein Magen knurrte, und er schaute auf die Uhr. In einer Viertelstunde würde sein Lieblingsgrieche öffnen, aber nach dem schönen Abend gestern mit Dagmar und Kai stand ihm eigentlich der Sinn nicht nach einem einsamen Essen im Restaurant, schon gar nicht an einem Sonntag, wenn alle in Familie machten und schlecht erzogene Fünfjährige zwischen den Tischen herumflitzten. Auf ein Butterbrot oder Eier mit Speck hatte er auch keine Lust.

Wenn er jetzt eine Zigarette rauchte, wäre der Hunger für eine ganze Weile vergessen.

Er betrachtete seine Hände – Wurstfinger – und kniff

sich in den Bauch, mindestens zwölf Kilo hatte er zu viel drauf, und Übergewicht in seinem Alter war sicher gefährlicher als Rauchen.

Monika hatte jahrelang an die vierzig Zigaretten am Tag geraucht, bis zu dieser ‹Wellnesswoche› in einem sündteuren Hotel mit irgendwelchem fernöstlichen Tingeltangel. Danach war sie zur militanten Nichtraucherin mutiert. Wenn er von einem Doppelkopfabend kam, hatte sie alle Fenster aufgerissen und manisch seine Kleider in die Waschmaschine gestopft, er hatte duschen und sich gründlich die Haare waschen müssen, bevor er ins Bett durfte. Schließlich hatte es ihm keinen Spaß mehr gemacht.

Er überlegte, ob er zum Automaten an der Post laufen sollte, aber es goss in Strömen, und außerdem bevorzugte er eine edle englische Marke, die man nur beim Tabakhändler bekam. Morgen vielleicht. Wieder schaute er auf die Uhr. Die Fotos von 1980/81 würde er noch sichten, dann würde er sich eine Pizza kommen lassen, mit Salami, Oliven und Sardellen. Ihm war nach etwas Salzigem nach all dem Wein und Tequila letzte Nacht. Er sollte wieder einmal ein bisschen kürzer treten, also nur ein Bier zum Essen heute. Ausnahmsweise würde er vorm Fernseher essen. Kam sonntags nicht immer ein ‹Tatort›? Normalerweise mochte er keine Krimis, las auch keine, wenn es sich vermeiden ließ, aber heute war ihm nach etwas Anspruchslosem. Eine Programmzeitschrift hatte er nicht, brauchte er auch nicht, schließlich wusste er, wann die Nachrichtensendungen liefen, und was Kulturprogramme anging, hielt ihn Frau Moor auf dem Laufenden.

Monikas Woche wurde vom Fernsehprogramm bestimmt. Mit den Jahren waren immer mehr ‹Lieblingssendungen› hinzugekommen, zum Schluss war die Kiste jeden Abend gelaufen und am Wochenende fast rund um die Uhr.

Der Regen war noch dichter geworden. Er stand auf, um das Licht einzuschalten und die Fenster zu schließen. Obwohl er stundenlang gelüftet hatte, hing Walterfangs fauliger Körperdunst immer noch in der Luft.

Ob der tatsächlich zu Sibylle gefahren war? Womöglich freute sie sich sogar über den Besuch, die beiden schienen sich zu verstehen.

Ihm lief ein Schauer über den Rücken. Sibylle hatte ihn schon immer irritiert. Was auch immer sie tat oder sagte, es war stets zu viel, zu laut, zu schrill. Wenn sie ihre Haarfarbe wechselte, dann von pechschwarz zu weißblond, und wenn sie auf damenhaft machte, trug sie die Schminke pfundweise auf und zwängte sich in Kostüme mit dicken Goldknöpfen, gemusterte schwarze Nylons und Lackstilettos. Sie sprach entweder mit dunklem, rauchigem Timbre oder mit einer zuckrigen Kleinmädchenstimme. Und immer lag eine versteckte Anklage in ihrem Blick.

Er hielt sie möglichst auf Abstand, denn er war sicher, wenn man ihr Aufmerksamkeit schenkte, verschlang sie einen mit Haut und Haar. Auf der Bühne war sie bestenfalls mittelmäßig, dennoch hätschelte Frieder sie, indem er in seine Sketche für sie gern die Rolle der Frau einbaute, die klug und gleichzeitig umwerfend sexy war. Selbstverständlich hätschelte er sie, schließlich verfügte Sibylle über wichtige Kontakte. Sie arbeitete im Kultusministerium als ‹persönliche Assistentin› des Ministers, was vermutlich eine nette Umschreibung für ‹Sekretärin› war.

«Zeitungsartikel», schoss es ihm plötzlich durch den Kopf. Daran waren die Fernsehleute bestimmt auch interessiert.

Er rollte mit dem Stuhl zur Seite und zog einen schmalen Ordner aus dem Regal. Er hatte nur die wichtigsten Artikel aufbewahrt, die Berichte aus Lokalteilen und Käseblättern interessierten ihn nur am Rande, die fielen eher in Walterfangs Ressort, aber auch Frieder sprach manchmal von seinem lückenlosen ‹Archiv›. Eine Weile blätterte er hin und her, las einzelne Passagen noch einmal und wählte schließlich eine Besprechung ihres 98er Programms in der ‹Zeit› aus, die anlässlich ihrer zweiten Nominierung zum ‹Deutschen Kleinkunstpreis› erschienen war.

Dann nahm er sich die Fotos vor: der Beginn des Iran-Irak-Krieges, die Attentate auf Reagan und den Papst, Prinz Charles heiratet Diana, John Lennon wird erschossen.

Der kabarettistische Blick auf die Ereignisse der Welt war ihnen immer Programm, ja Pflicht gewesen. Was auch immer passierte, sie, zumindest die Schreiber unter ihnen, hatten schon den Kommentar im Kopf.

Hatte ihn das abgestumpft, zynisch gemacht? «Du lässt doch gar nichts an dich heran!» Wie oft hatte Monika ihm diesen Satz oder Variationen davon um die Ohren gefetzt?

Es war wohl eher andersherum: Man brauchte eine gewisse Abgeklärtheit, Gelassenheit und Autonomie, um Kabarett zu schreiben.

Autark war er schon sehr früh gewesen, er hatte es werden müssen.

Die Ehe seiner Eltern war unerträglich gewesen, kein Miteinander, kein Verständnis oder Verzeihen, keine Wärme, kein Respekt auf beiden Seiten, nur ein ständiger Kampf um Machtanteile. Streiten, Schreien und als gegenseitige Bestrafung tage-, wochenlanges Schweigen. Und im Hintergrund die Oma, die Mutter seiner Mutter, die alles kommentierte und wenn opportun, ihrer Tochter die Stange hielt.

Der wilhelminische SA-Vater, die Trümmerfrau-Mutter, die sich nicht fügen wollte. Der Mann, der sich getäuscht und auf ganzer Linie versagt hatte, die Frau, die daraus neuen, unverhofften Selbstwert lieh. Die perfekte deutsche Hausfrau natürlich, Wäsche, Wohnung, Essen, alles tipptopp und prächtige Kinder. Aber zwei Jungen eben, und Männer schätzte seine Mutter nicht.

Sein Bruder, sieben Jahre älter als er, hatte sich so früh wie möglich vom Acker gemacht. Bis heute hatten sie fast keinen Kontakt.

Nach außen hin alles makellos, blitzblanke Fenster, die Wäsche auf der Wiese gebleicht und immer arbeitsam und fromm. Wenn jemand da war, küsste sie ihn sogar mit harten, trockenen Lippen.

Männer mochte sie schon, auf eine gewisse Weise, aber das hatte sich ihm erst erschlossen, als er erwachsen gewesen war und sich die Blitzlichtaufnahmen zu einem großen Bild gefügt hatten: wie sie sich im Elternschlafzimmer eine Unterhose anzieht und der Maklerfreund seines Vaters mit rotem, grinsendem Kopf daneben steht, wie der elsässische Vetter seines Vaters eilig das Haus verlässt, während sie am Spülbecken steht und sich untenrum wäscht, grobe Hände unter Pullovern, nestelnde Finger am Hosenschlitz.

Er blieb immer unbemerkt, er war ja nur ein Kind. Vaters Misstrauen, der Verdacht, die mächtigen, hilflosen Wutexplosionen, ihr vorwurfsvolles Leiden – warum bin ich nur so gestraft – und doch versteckter Triumph.

Macht, um etwas anderes war es nie gegangen.

Er rieb sich die Augen und griff zum Telefon, die Num-

mer des Pizzataxis kannte er auswendig. Dann holte er
ein Set, Teller und Besteck aus der Küche und deckte den
Wohnzimmertisch. Das Bier konnte warten. Gähnend und
ziemlich lustlos suchte er die restlichen Fotos zusammen.

Wieder ein gemeinsamer Urlaub, die gesamte ‹13› diesmal und einige Freunde, einundzwanzig Leute, Camping
in Cornwall. Es waren drei schöne Wochen gewesen, keine
Dramen, kaum Missstimmungen, was sicher auch Klaus'
Verdienst gewesen war.

Es versetzte ihm einen scharfen Stich, als er in das jun-
genhafte, fröhliche Gesicht blickte. Klaus Schröder, Sibylles Verlobter. Klaus war der Einzige von ihnen, der nicht
an der Uni Duisburg war. Er hatte in Düsseldorf Grafik
und Design studiert, aber Sibylle und er waren schon zu
Schulzeiten ein Paar gewesen, und als sie zur Gruppe stieß,
hatte sie ihn einfach mitgebracht. So war er ihr 13. Mann
geworden, das Tüpfelchen auf dem ‹i›. Eine Bereicherung,
ein Geschenk, sein Einfallsreichtum hatte sogar Frieder Respekt abgerungen.

Sie mussten so im vierten oder fünften Semester gewesen
sein, als die beiden, Frieder und Klaus, auf die Idee kamen,
eine eigene Werbeagentur zu gründen. Keine Ahnung,
woher sie das Startkapital genommen hatten, aber von Anfang an waren sie ein sehr starkes Team gewesen, Klaus
das kreative Genie, Frieder der Mann fürs Geschäftliche.
Schon nach ein paar Monaten fing ihr Laden an zu laufen,
und Klaus hatte sein Studium abgebrochen und sich ganz
auf die Firma konzentriert. Es waren harte Zeiten für ihn
gewesen, vierzehn, sechzehn Stunden Arbeit pro Tag in der
Agentur, die Zeit für die ‹13› hatte er sich dennoch immer
abgeknappst.

Haferkamp wusste noch genau, wie sauer er gewesen war, als sie sich an diesem Freitagabend im Audimax die Beine in den Bauch gestanden hatten, weil sie ohne Klaus nicht mit den Proben anfangen konnten. Sibylle war immer wieder zur Telefonzelle gelaufen und hatte vergeblich versucht, ihn zu erreichen.

Dann waren die beiden Polizisten gekommen: mit dem Auto frontal gegen einen Brückenpfeiler, keine Bremsspuren.

An die nachfolgenden Wochen hatte er nur verschwommene Erinnerungen. Wie im Fieber hatten sie alle an der Aufführung gearbeitet. Jeden Abend bis zum Umfallen geprobt, Bettina als Ersatzfrau eingearbeitet, und Sibylle war der stärkste Motor gewesen.

Über die fehlenden Bremsspuren wurde niemals gesprochen. An die Beerdigung erinnerte er sich, als wäre es gestern gewesen.

Frieder hatte nicht dabei sein können, er war in die Geschäftsleitung einer großen Düsseldorfer Agentur aufgenommen worden und leider unabkömmlich.

Sibylle Langenberg blieb benommen mit dem Telefon in der Hand sitzen.

Das konnte nur ein Traum sein. Sat1 wollte sie als Assistentin in den Public Relations für ein neues Format! Und sie hatte sich wie der letzte Trottel aufgeführt, mehr als ‹ja› und ‹danke› hatte sie nicht herausgebracht. Man würde ein Angebot schicken und dann wieder an sie herantreten.

Verdammt, sie hatte keine einzige Frage gestellt. Um welches Format ging es eigentlich, und wie, zum Teufel, waren sie ausgerechnet auf sie gekommen?

Nun ja, in den letzten Jahren hatte sie einen großen Teil der Pressearbeit für die ‹13› gemacht, ihr Name war mittlerweile nicht mehr ganz unbekannt in der Branche. Und dieses Jahr hatte Frieder ihr die komplette Public Relations anvertraut, plötzlich Knall auf Fall, weil sie Erfahrung hatte, klar, und weil sie wusste, welche Knöpfe sie drücken musste.

Die Maschine ‹13› am Laufen zu halten kostete viel Zeit und Energie, und in den letzten Wochen war es ihr, neben ihrem normalen, auch nicht gerade leichten Job fast zu viel geworden. Doch dieser Anruf gerade bewies ja, dass es sich lohnte, jede halbwegs freie Minute in das Projekt zu stecken.

Frieder und sie hatten die ‹13› ganz nach oben gebracht. Erst am Freitag hatte der Minister sie gebeten, für ihn vier Karten in der ersten Reihe für die Premiere zu reservieren. Das fiel eigentlich in den Bereich des Veranstalters, aber ein Anruf hatte selbstverständlich genügt. Die Premiere war zwar bereits ausverkauft, aber man hielt immer ein paar VIP-Karten zurück.

Sie fuhr hoch, als es klingelte. Noch eine Überraschung?

«Bylle?»

«Heinrich! Mensch, das ist ja süß!»

Walterfang betrachtete sie missbilligend. «Ich hätte dich fast nicht erkannt!»

Sie lachte hell und drehte sich einmal um sich selbst, dass die neue Frisur nur so flog, asymmetrisch, links ganz kurz, rechts fiel ihr eine blauschwarze Strähne ins Gesicht.

«Total super, nicht?»

«Blond und lang fand ich besser», brummelte er.

«Ts, typisch Mann! Aber jetzt komm schon rein.»

Er schaute sich neugierig in dem kleinen Einzimmer-appartement um. «Du haust ja immer noch in dieser Winz-bude.»

«Klar, bei den Mieten hier.» Sie tippte sich mit dem Ringfinger auf die Lippen. «Aber wer weiß, vielleicht kann ich mir ja bald was Größeres leisten.»

«Hört, hört, gibt's da etwas, das ich nicht weiß?»

Sie erzählte es ihm.

«Satı? Da steckt bestimmt Frieder dahinter», sagte er achselzuckend.

«Meinst du? Was hat der denn mit Satı zu tun?»

«Keine Ahnung, er kennt doch jeden. Sag mal, hast du was zu essen da? Ich komm um vor Kohldampf.»

«Nur Brot und Aufschnitt, zum Kochen fehlt mir einfach die Zeit. Gerade jetzt, wo Frieder mich mit dem ganzen Kram allein gelassen hat.»

Er folgte ihr in die Küche und schaute zu, wie sie den Tisch für ihn deckte.

«Vor dem Essen Händewaschen nicht vergessen», trällerte sie.

Walterfang ließ sich auf den einzigen Stuhl fallen.

«Ehrlich, Heinrich, du müffelst.»

Er starrte sie finster an. «Bleibt nicht aus. Meine Frau Mutter weigert sich neuerdings, meine Wäsche zu waschen. Und der Waschsalon ist teuer, das kann ich mir nicht so oft leisten.»

Sie blieb gegen den Kühlschrank gelehnt stehen und schaute zu, wie er sich vier Schnitten Brot dick mit Butter bestrich und mit Roastbeef und Rauchfleisch belegte. «Vielleicht ein Bier dazu?»

«Aber immer. Isst du nichts?»

«Hab schon.»

«Sag mal, könnte ich vielleicht heute Nacht bei dir pennen?»

Sie fuhr zusammen. «Äh, ja, bloß wo? Ich habe kein Gästebett.»

«Aber 'n schönes, großes Doppelbett hast du.»

«Heinrich ...» Sie lachte unsicher. «Ich ...»

«So hab ich das doch gar nicht gemeint», brauste er auf. «Ich habe bloß kein Geld für den Zug, und nachts ist Essig mit Trampen.»

«Ich helfe dir aus», haspelte sie. «Wie viel brauchst du? Reichen fünfzig Euro?»

«Könnte knapp hinkommen.» Er stapelte die Brote auf der flachen Hand, nahm die Bierflasche und ging ins Zimmer zurück. «Hier ist es gemütlicher. Schade, dass ich schon so bald wieder los muss, aber nach elf kriege ich am Wochenende in Münster keine Verbindung mehr nach Coesfeld. Dabei hab ich richtig Lust, mich mal wieder auszuquatschen.» Er ließ sich auf das Sofa mit dem indianisch gemusterten Überwurf fallen. «Ich meine, du bist doch auch viel alleine, ne?»

Sibylle setzte sich in den Sessel gegenüber und starrte ins Leere. «Schon, aber das ist nicht das Schlimmste. Es ist mehr diese innere Einsamkeit, die mich fertig macht.»

Walterfang schob sich eine halbe Schnitte in den Mund und grunzte zustimmend.

«Weißt du, seit damals bin ich diese Leere nicht mehr losgeworden. Und ich schaffe es einfach nicht, sie zu füllen.»

Er schluckte, beugte sich vor und nahm ihre Hand. «Ich predige es dir doch schon seit Jahren, Bylle, mach endlich eine Therapie.»

«Ich weiß, ich weiß ja.» Sie umfasste seine Finger, zitterte dabei. «Aber irgendetwas in mir hält an dieser Leere fest, sagt mir, ich habe kein Recht dazu, sie zu füllen.»

«Gott, Bylle, immer wieder, immer noch diese Schuldgefühle. Ich dachte wirklich, das hätten wir hinter uns.»

Sie schüttelte leise den Kopf.

«Bylle, Kind.» Er streichelte ihre Wange. «Du musst endlich loslassen.»

«Das will ich ja, aber ich kann nicht.» Sie schaute ihn wehmütig an.

Er lächelte. «Ich bin immer für dich da, das weißt du.»

«Ich weiß, Heinrich, und das ist verdammt schön. Aber jetzt lass uns von was anderem reden, okay? Das Leben geht schließlich weiter, irgendwie. Ist ja immer irgendwie weitergegangen. Also, hast du eine Ahnung, wo Frieder steckt?»

Sieben   Inzwischen war es Oktober geworden, letzte goldklare Sonnentage.

Martin Haferkamp hoffte, dass sich das Wetter bis zur nächsten Woche hielt. Gnadenthal lag inmitten einer schönen Parklandschaft, und er würde zwischen Diskussionen und Proben sicher Zeit zum Spazierengehen haben. Sonst kam er so gut wie nie an die frische Luft.

In den letzten vierzehn Tagen hatte sein Telefon kaum stillgestanden. Zuerst hatte jeder von der ‹13› sich bemüßigt gefühlt, Frieders Heirat zu kommentieren, nur Dagmar hatte sich nicht gemeldet. Dann war Walterfang auf die Idee gekommen, für ein angemessenes Hochzeitsgeschenk zu sammeln, historische Kabarettaufnahmen wären doch eine nette Geste, so etwas bekam man im Internet, und er, Haferkamp, könnte sich doch wohl darum kümmern und das Geld vorstrecken. Er hatte dankend abgelehnt, schließlich hatte sich Sibylle erbarmt. Dann war es ums Geld gegangen. Walterfang hatte fünfzig Euro pro Person vorgeschlagen, Sozialhilfeempfänger selbstverständlich ausgenommen, und sofort hatten Möllers heftig protestiert und darauf bestanden, dass Paare nur die Hälfte zahlten. An dem Punkt hatte sich Haferkamp aus der Debatte ausgeklinkt. Was für ein lächerliches Theater um eine alberne Eheschließung! Er konnte sich nicht erinnern, dass man um seine Heirat ein solches Brimborium veranstaltet hatte, er erinnerte sich nicht einmal mehr, was die Truppe ihm damals geschenkt hatte.

Kopfschüttelnd zündete er sich eine Zigarette an und öffnete den blauen Karton, der vor ihm auf dem Schreibtisch stand. Die Fernsehleute hatten ihn mehrfach angemailt, sie bräuchten endlich sein Fotomaterial mit den entsprechenden Erläuterungen, und er sollte es spätestens Freitag per Kurier nach Köln schicken. Also hatte er die restlichen Fotos mit ins Büro genommen, um sie zu sichten, wenn es im Laden einigermaßen ruhig zuging.

Schon wieder klingelte das Telefon, und Frau Moor war anscheinend zu beschäftigt, um sich darum zu kümmern.

«Buchhandlung Haferkamp, guten Tag», meldete er sich kühl.

Es war Kai Janicki. «Sag mal, hast du auch so einen kryptischen Anruf von Frieder gekriegt?»

«Frieder? Der hat sich bei mir überhaupt noch nicht gemeldet. Was meinst du mit kryptisch?»

«Na ja, er hat mich gefragt, ob ich mir vorstellen könnte, meinen Beruf zu wechseln. Es gäbe etwas, wo ich mein wahres Talent zum Einsatz bringen könnte, eine blendende Zukunft und äußerst lukrativ.»

«Und was, bitte schön, soll das sein?»

«Ich habe keinen blassen Schimmer. Er meinte, er könne im Augenblick nicht konkreter werden, wolle mir aber schon mal die Gelegenheit geben, grundsätzlich darüber nachzudenken.»

Haferkamp schnaubte. «Was ist das denn für ein Bockmist?»

«Eben, ich frage mich auch, was das soll. Frieder redet doch sonst nicht so um den heißen Brei herum.»

«Vielleicht will er dich in seiner Agentur haben.»

«Weil ich das große Talent habe, schwachsinnige Werbeslogans zu erfinden?» Janicki lachte. «Wohl kaum, Martin.»

«Mich hat er jedenfalls nicht angerufen», sagte Haferkamp. «Was allerdings auch nicht weiter verwunderlich ist.»

«Hör mal, ich bin auch nicht gerade sein Busenfreund», entgegnete Janicki ein bisschen eingeschnappt.

«Weiß ich doch», antwortete Haferkamp. «Wie geht es denn Bettina?»

«Nicht allzu schlecht. Hör zu, Martin, ich muss Schluss machen, es klingelt gerade an der Haustür. Wir sehen uns dann ja nächste Woche.»

Haferkamp schob den Aschenbecher zur Seite und breitete die Fotos aus.

Die Bilder von der letzten gemeinsamen Urlaubsreise wollte er sofort beiseite legen, aber er blätterte sie dann doch durch.

Ein paar Tage an der holländischen Küste in der Nähe von Vlissingen. Zu mehr hatte ihr Geld in jener Zeit nicht gereicht. Kai und Bettina waren die Einzigen gewesen, die eine feste Anstellung gehabt hatten, alle anderen hatten sich mit befristeten Jobs mehr schlecht als recht über Wasser gehalten. Bis auf Frieder natürlich, der in Düsseldorf Karriere machte, aber der verbrachte seine Urlaube lieber auf Gomera oder La Palma.

Von dem, was sie mit dem Kabarett verdienten, war nie viel übrig geblieben. Wenn man die Gage durch dreizehn teilte, blieb sowieso nur ein kleiner Gewinn für jeden, den man für ein schönes Abendessen oder eine Kiste Wein ausgab. In den ersten Jahren hatte jeder den gleichen Betrag erhalten, aber dann hatte Frieder einen komplizierten Verteilungsschlüssel ausgearbeitet. Dabei kamen die Autoren und Hartmut als Komponist am besten weg, der zweithöchste Betrag stand den Schauspielern zu, und der kleinste Batzen ging an den Beleuchter, die Maske, das Bühnenbild und an Walterfang natürlich für sein unermüdliches Wirken. Aber nun denn, um Geld war es bei der Geschichte ohnehin niemandem gegangen.

Beinahe den ganzen Hollandurlaub hindurch hatte es geregnet, aber sie waren dennoch jeden Tag in ihren Friesennerzen tapfer zu langen Strandwanderungen aufgebrochen.

Hier duckten sie sich unter dem Vordach einer Fischbude, verschlangen Matjes mit *uitjes*.

Eine rundliche Dagmar und ein strahlender Rüdiger. Das Unternehmen Großfamilie war endlich auf den Weg gebracht. Der große Traum: vier Kinder mindestens, das schöne alte Haus mit dem großen Garten, Katzen und Schafe und ein Hund.

Ihn hatte es ein wenig geschüttelt bei so viel Sirup, aber Dagmar war so glücklich gewesen.

Keine vier Wochen später hatten sie um ihr Leben gebangt. Eileiterschwangerschaft, Notoperation. Es hatte Monate gedauert, bis sie sich davon erholt hatte.

Und dann all die Jahre der vergeblichen Versuche, Monat für Monat die Enttäuschung.

Anfangs hatte ihn ihre Zähigkeit beeindruckt, aber als die Zeit ins Land ging und Dagmar immer in sich gekehrter wurde, hatte ihn die Wut gepackt, und er hatte ihr vorgeworfen, dass sie sich selbst nicht mehr wertschätze. Sie hatte dazu genickt: «Wie denn auch?», und sich danach völlig von ihm zurückgezogen. Das war ihm ganz recht gewesen, er wollte nicht zuschauen, wie sie unter Rüdigers wachsender Bitterkeit immer unsichtbarer wurde.

Wann waren sie einander wieder näher gekommen?

Trotz des rosaroten Familienglücks waren es keine unbeschwerten Ferientage gewesen. Es hatte sie alle bedrückt, wie sehr sich Sibylle nach Klaus' Tod verändert hatte. Wie unter einem Zwang erfand sie sich alle paar Monate neu, wurde überkandidelt und manchmal seltsam zotig, dann wieder konnte sie in Selbstmitleid ertrinken. Es war sehr schwer gewesen, mit ihr auszukommen, und ihn hatte es in jenem Sommer am härtesten getroffen. Ständig hatte sie sich an seine Fersen geheftet, ihm Psychogespräche aufgezwungen und sich ihm angeboten wie eine reife Frucht. Alles gipfelte in einer Szene, bei der ihm auch heute noch, wenn er sich daran erinnerte, ganz flau wurde.

Er hatte, angenehm berauscht vom Genever, tief und fest geschlafen, als ihn ein schreckliches Kreischen geweckt hatte. Und da saß Sibylle splitternackt in seinem Bett und hielt sich die blutende Nase. «Du brutales Schwein!»

Am nächsten Morgen war sie abgereist, ohne auch nur ein Wort mit irgendwem zu wechseln.

Haferkamps Miene hellte sich auf, als er das nächste Foto betrachtete: Drei Kinder wuselten zwischen den Dünen herum – die ersten ‹13›-Sprösslinge. Kais und Bettinas Eva musste ungefähr vier gewesen sein, ein aufgewecktes kleines Ding, aber für seine Vorstellungen ein wenig zu angepasst, zu brav. Er hatte mehr Spaß an Johannas beiden Jungen gehabt, pfiffigen Kerlchen, der jüngere, gerade mal drei, hatte es faustdick hinter den Ohren gehabt und nicht nur seine Mutter den ganzen Tag auf Trab gehalten.

82

Haferkamp stützte das Kinn auf die Hand. Johanna war immer ein wenig anders, besonders gewesen. Ursprünglich hatte sie Englisch und Kunst studiert, war dann aber zum Theater gegangen und hatte eine Ausbildung zur Bühnenbildnerin gemacht. Ihr Talent war früh entdeckt worden, und sie hatte schon bald für große Bühnen gearbeitet. In Hamburg hatte sie dann Joseph kennen gelernt, Dramaturg am ‹Thalia›, rasch hintereinander vier Kinder bekommen und auf die große Karriere gepfiffen. Die anderen Mädels hatten die Nase gerümpft und ihr ins Gewissen geredet, sich doch «nicht einfach so wegzuwerfen», aber Johanna hatte das nicht geschert. Sie war mit ihrer Bande kreuz und quer durch die Republik gezogen, immer Josephs Engagements hinterher, hatte in irgendwelchen alten Häuschen gewohnt, Hauptsache die Miete war günstig, und ein großer Garten gehörte dazu. Den größten Teil ihrer Zeit verbrachte sie damit, das jeweilige Heim malerisch einzurichten und die Gärten in Rosenparadiese zu verwandeln. Viele Jahre lang war ihre Arbeit bei der ‹13› die einzige Verbindung zu ihrem eigentlichen Beruf gewesen. Erst seit ihre Kinder aus dem Haus waren und Joseph eine feste Stelle als Intendant hatte, nahm sie hin und wieder Aufträge von kleineren Bühnen an, aber sie schien sich nicht darum zu reißen.

Haferkamp schob die Urlaubsfotos zusammen und legte sie in den Karton zurück.

Er mochte Johanna sehr, aber es gab auch immer eine gewisse Scheu zwischen ihnen.

Fast ein Jahr lang hatte sie jeden seiner Tagträume erfüllt. Er war so scharf auf sie gewesen, dass es schmerzte, aber als er sich dann in der Bretagne endlich getraut hatte, sich ihr zu nähern, war das große Feuerwerk ausgeblieben. Was wäre wohl gewesen, wenn es damals mit ihnen geklappt hätte?

Die Glocke im Laden schlug an, und kurz darauf hörte er Frau Moor laut kichern, dann eine wohl bekannte Stimme. Leise trat Haferkamp auf die Galerie und spähte zu dem Mann hinunter, der am Tresen stand.

Wie immer im Anzug – heute stahlgraues Leinen über einem kragenlosen, schwarzen Hemd, dazu italienische Slipper –, aber der lange Zopf und die Kontaktlinsen waren verschwunden, stattdessen war sein grau meliertes Haar kurz geschoren, und er trug eine hauchfein gefasste Brille. Er war noch schlanker geworden, sein Gesicht noch kantiger.

Aber es war zweifellos Frieder, der dort unten an der Kasse mit Frau Moor scherzte und ihr ein breites Lächeln schenkte.

«Was ist, Moorchen, hat der gute Martin sich in seinem Kabuff eingeigelt?»

«Nein, hat er nicht!» Haferkamp lief die Treppe hinunter.

Frieder fuhr zu ihm herum. «Martin, grüß dich!» Das Lächeln blieb. «Immer noch gut im Saft, wie ich sehe.»

«Danke, ich kann nicht klagen.» Haferkamp grinste. «Neuer Look?»

«Musste mal sein», antwortete Frieder. «Die Konkurrenz schläft nicht.» Damit holte er einen dünnen Zigarillo aus der Jackentasche, ließ sein Zippo aufflippen und zündete ihn an.

«Gibt's hier irgendwo einen Aschenbecher, Moorchen?»

Die schaute ihren Chef unsicher an, aber Haferkamp nickte. «Geht schon in Ordnung, eine Untertasse tut's auch.

Wir gehen rüber an die Kaffeebar und halten Sie nicht länger von der Arbeit ab.»

Frieder folgte ihm in die Nische neben der Heimatliteratur. «Für mich bitte schwarz.»

Haferkamp füllte zwei Becher. «Und was führt dich nach Kleve?»

«Ich habe ein paar Kisten Schampus nach Gnadenthal gebracht.» Er zwinkerte. «Es gibt nämlich was zu feiern.»

«Ja, das ist mir schon zugetragen worden.»

«Ach?» In Frieders Augen blitzte Verärgerung auf. «Hat Heinrich seinen Mund nicht halten können?»

Haferkamp schüttelte leicht den Kopf. «Glückwunsch.»

«Phantastisch, nicht wahr?» Frieder lächelte wieder.

«Überraschend. Trotzdem Glückwunsch.»

«Man dankt. Sag mal, wann machst du heute hier Schluss?»

«Nicht vor halb neun. Wieso?»

«Ach, ich dachte, wir könnten zusammen einen Happen essen gehen. Vielleicht kann ja deine Mitarbeiterin …»

«Nein», fiel ihm Haferkamp ins Wort, «die muss in den nächsten Wochen schon genug Überstunden machen.»

Frieder lehnte sich mit gekreuzten Beinen gegen die Wand und nippte an seinem Kaffee.

«Na gut, ich bin ohnehin knapp mit der Zeit. Hansjörg will unbedingt heute noch was mit mir besprechen, unter vier Augen.»

Haferkamp zog fragend die Brauen hoch.

Frieder griente. «Ich fürchte, der Gute hat sich als Texter versucht, aber mal schauen. Du bist mit den Fotos ein wenig im Verzug, habe ich gehört …»

«Eigentlich nicht», gab Haferkamp leichthin zurück. «Sie gehen übermorgen per Kurier raus.»

«Fein, dann klappt ja alles. Und unsere Autorencrew war auch schon richtig fleißig, sagt Dagmar. Find ich prima.»

«Na, das freut mich aber.»

Frieder hob das Kinn. «Schon klar, Martin, du bist sauer.»

«Lass stecken.»

«Wie du meinst. Aber glaub mir, auch wenn ich ein paar Tage nicht im Lande war, habe ich die Sache im Griff.»

«And the fans shout hooray …»

Frieder lachte rau. «Das wollen wir doch hoffen.»

Zweiter Teil

Acht   Der Parkplatz am Schloss war bis auf den Lieferwagen einer Getränkehandlung leer. Er schien also der Erste zu sein, das war ihm ganz recht so.

Das Wetter war immer noch ungewöhnlich warm und klar für Anfang Oktober, und er hatte früh Schluss gemacht im Laden, um in der Abenddämmerung einen friedlichen Spaziergang durch den Park machen zu können, bevor man sich beim gemeinsamen Abendessen wieder neu beschnupperte.

Haferkamp nahm Schultertasche und Koffer und bog um die Ecke zum Haupteingang. Im Haus des Barons, das ein Stück zurückgesetzt auf der rechten Seite lag, wurden gerade die Lichter eingeschaltet, und er erhaschte einen Blick auf den alten Mann, ehe sich die Vorhänge schlossen. Der Baron war einer seiner treuesten Kunden, und sie hatten schon so manches Mal freundschaftlich die Klingen gekreuzt. Der Mann war über achtzig, aber geistig noch beweglich und wach. Jahr für Jahr reiste er zur Buchmesse nach Frankfurt, und Haferkamp freute sich immer darauf, wenn er hinterher zu ihm in den Laden kam, um sich über die verschiedenen Autoren, die er gehört hatte, auszulassen.

Das dreihundert Jahre alte Gnadenthal war seit Beginn des 19. Jahrhunderts im Familienbesitz. Zum Anwesen gehörten große Ländereien, die der Baron allesamt verpachtet

89

hatte, ebenso wie das Schlossgebäude selbst, das schon seit vierundzwanzig Jahren von einer gemeinnützigen Organisation als Tagungszentrum betrieben wurde. Genauso lange schon traf sich die ‹13› hier, sie waren gewissermaßen Stammgäste der ersten Stunde.

Aus der Ferne wirkte das Schloss prachtvoll, aber bei näherer Betrachtung wurde schnell deutlich, dass man über beträchtliche Mittel verfügen musste, um das Gebäude in Schuss zu halten. Über die Jahre war an allen Ecken und Enden restauriert und renoviert worden, dafür sorgte wohl auch der Denkmalschutz. Haferkamp betrachtete die hohen, schmalen Sprossenfenster, deren weiße Lackierung Blasen warf und blätterte. Hier würde ein frischer Anstrich nicht genügen, das Holz war verzogen und morsch.

Die Küchenfenster waren weit geöffnet, und ihm stieg der Duft von frisch gebackenem Brot in die Nase, Vollkorn vermutlich.

Er schmunzelte.

In der ersten Jahren war die Küche hier rein vollwertig gewesen, vegetarisch, makrobiotisch, wie auch immer man es damals genannt hatte. Das war einer der Gründe, warum sich die ‹13› gerade für diesen Treffpunkt entschieden hatte.

In den Achtzigern waren sie alle mehr oder weniger auf dem Öko-Trip gewesen, ein paar von ihnen mit großem Sendungsbewusstsein. Sie tranken nur Wein aus ökologischem Anbau, gleichgültig, wie scheußlich er schmeckte, an Cola nur zu denken kam einer Todsünde gleich, und Weißmehl und raffinierter Zucker waren des Teufels.

Diese moralische Keule hatte ihn schnell von seinem Ausflug in die «gesunde» Ernährung geheilt, und er hatte angefangen, Mettwürste und Brie, Baguettes und fettgelbe Butter in Gnadenthal einzuschmuggeln. Später war Johanna mit selbst gebackenen Törtchen eingestiegen, und es hatte schließlich damit geendet, dass sich alle zu mitternächtlichen «verbotenen» Gelagen getroffen hatten.

Heute gehörte keiner von ihnen mehr zur Körnerfraktion, und auch auf der Speisekarte in Gnadenthal standen neben Puristischem inzwischen ganz normale Gerichte. Er rümpfte die Nase. Die Leute hier gaben sich gewiss Mühe, aber man schmeckte doch die Großküche heraus.

Haferkamp zog die Haustür auf. Nichts hatte sich verändert. So hochherrschaftlich das Haus von außen wirkte, innen hatte es den Charme einer Jugendherberge der Siebziger, darüber konnten auch der Mosaikboden im Flur und der große Salon mit seiner Stuckdecke und den französischen Fenstern zum Park nicht hinwegtäuschen. Hoffentlich erwischte er diesmal wenigstens ein einigermaßen bequemes Bett.

Die junge Frau an der Rezeption kannte er nicht. Sie hatte schlecht gefärbtes Haar und einen boshaften Zug um den Mund.

Er grüßte. «Ist denn Frau Lamers heute nicht da?»

«Frau Lamers ist im Ruhestand», gab die Frau recht schnippisch zurück.

«Das ist schade», sagte er, dann zeigte er auf sein Gepäck. «Ich gehöre zu der Kabarettgruppe, die heute Abend eincheckt. Kann ich meinen Koffer bei Ihnen einstellen, bis die anderen da sind? Ich würde gern einen Spaziergang machen, bevor es dunkel wird.»

«Wie war gleich Ihr Name?»

«Haferkamp», gab er ungeduldig zurück.

91

«Ah ja … richtig. Sie sind in Zimmer 115, Herr Hafer-kamp.»

Er runzelte verständnislos die Stirn. «Aber wir teilen die Zimmer erst auf, wenn alle angekommen sind.»

«Davon weiß ich nichts, tut mir Leid. Ein Herr Seidl hat die Zimmer gebucht, und ich kann Ihnen nur sagen, was hier steht: Sie haben Zimmer 115.»

Verärgert streckte er die Hand aus. «Dürfte ich bitte mal sehen …», er warf einen Blick auf ihr Namensschild, «… Frau Peters?»

«Tut mir Leid.» Sie klappte das Buch zu. «Datenschutz, Sie wissen schon.»

Ihr nachsichtiger Ton brachte ihn noch mehr auf, aber bevor er etwas erwidern konnte, legte sich ihm eine Hand auf die Schulter.

«Hallöchen!» Heinrich Walterfang.

Haferkamp wich einen Schritt zurück. «Du bist auch schon da?»

«Schon seit heute Mittag. Ich hatte eine Mitfahrgele-genheit bis Emmerich, und von da aus habe ich den Bus genommen.» Walterfangs Miene bewölkte sich. «Dagmar hatte angeblich keine Zeit, mich abzuholen.»

«Wundert dich das? Coesfeld liegt ja nicht gerade auf ih-rem Weg. Das hätte sie mindestens eine Stunde gekostet.»

«Schon klar. Ist bloß komisch, früher war das nie ein Pro-blem.»

«Früher haben wir auch alle noch nicht so viel arbei-ten müssen.» Haferkamp schulterte seine Tasche. «Was soll eigentlich der Blödsinn mit den fest reservierten Zim-mern?»

Walterfang grinste schief. «Frieder fand das wohl besser

so, spart Zeit. So was nennt man Timemanagement, glaube ich.»

«So was nennt man ... ach, vergiss es!»

Haferkamp nahm den Schlüssel an sich, den Frau Peters auf den Tresen gelegt hatte. «Bis später.»

Die geschnitzte Treppe, die zu den Zimmern hinaufführte, hatte einen neuen Anstrich bekommen, ein kühl glänzendes Hellgrün, aber die ausgetretenen Stufen waren immer noch unterschiedlich hoch und knarrten nach wie vor. Auf dem Flur oben war es schummrig, er tastete nach dem Lichtschalter. Zimmer 115 lag gleich neben der Etagendusche.

Im zweiten Stock gab es ein paar Zimmer mit eigenem Bad, aber die hatten sie noch nie gebucht, obwohl sie es sich längst hätten leisten können. Die ‹13› im ersten Stock – spartanische Zimmer, Gemeinschaftsklo und -bad – war Tradition, ebenso wie das gemeinsame Verhandeln darüber, wer sich mit wem ein Doppelzimmer teilte und wer in einem Einzelzimmer unterkam.

Er war gespannt, was wohl die anderen zu der neuen Regelung sagen würden.

115 war ein Einzelzimmer. Er schaltete die Deckenleuchte ein. Ein schmales Kastenbett aus hellem Holz, ein Schrank, ein Tisch, ein Stuhl. Haferkamp legte Tasche und Koffer aufs Bett und steckte sich Zigaretten und Feuerzeug in die Jackentasche. Auspacken konnte er später noch, erst einmal brauchte er frische Luft.

Als er ins Freie trat, hörte er Autos auf den Parkplatz rollen und wandte sich rasch in die entgegengesetzte Richtung. Er folgte dem Weg am Wassergraben entlang, der den Schlosspark umgab, bis zur Brücke am alten Tauben-

93

haus mit dem Pagodendach, dessen Schieferschindeln in der Abendsonne glänzten. Die Luft war schwer und süß.

Er ging über die Brücke und ließ den Blick über die Ebene schweifen. Holprige Feldwege führten durch Äcker und Wiesen, die von Wässerungsgräben durchzogen waren. Hie und da Baumreihen und kleine Wäldchen, unberührt.

Wolken schoben sich vor die Sonne, ein Schwarm Saatkrähen stob auf und formierte sich.

Er zündete sich eine Zigarette an und bog in den überwucherten Pfad ein, der in die eigentliche Parkanlage führte. Rechter Hand wurde der Weg von einer Buchenhecke begrenzt, die seit vielen Jahren nicht mehr beschnitten worden und zu bizarren Baumgebilden ausgewachsen war.

Es roch modrig, satt, kühle Feuchtigkeit stieg vom Boden auf.

Das Licht schwand nun schnell, aber er konnte doch die kleinen Skulpturen ausmachen, die überall im Park auf halb hohen Stelen standen. Davon hatte er in der Zeitung gelesen. Jemand hatte Kunstwerke aus Simbabwe gesammelt, und demnächst irgendwann würde es hier eine Ausstellungseröffnung geben.

Als er auf die Rasenfläche mit ihren mächtigen, jahrhundertealten Laubbäumen kam, lag das Schloss in seiner ganzen brüchigen Pracht vor ihm. Die erleuchteten Fenster spiegelten sich im dunklen Teich.

Er trat gegen einen Maulwurfshügel, strauchelte und fiel hart auf die Knie.

So viel zum Thema Romantik.

Schwerfällig rappelte er sich auf, klopfte sich die Hosenbeine ab und hob die glimmende Zigarette auf, die ins Gras gefallen war.

Vom Schloss schallten Stimmen herüber, die Flügeltüren zur Terrasse waren geöffnet, ein paar Leute standen zusammen und diskutierten gestenreich.

Man war angekommen.

Dagmar entdeckte ihn als Erste, lief über den Rasen auf ihn zu und fiel ihm um den Hals. Er spürte, wie ihm das Blut in den Unterleib schoss, und fluchte still. Sanft schob er sie von sich, hielt aber ihre Hände fest und betrachtete sie forschend. «Was ist los?»

«Ich bin stinksauer», schimpfte sie. «Anscheinend ist Frieder jetzt endgültig durchgeknallt.»

Er lächelte. «Wegen der Zimmerverteilung, meinst du?»

«Ich finde das überhaupt nicht lustig!» Sie machte sich los.

«Nein, ich auch nicht, aber ...»

Sie ließ ihn nicht zu Wort lommen. «Und das Allerbeste ist, für Rüdiger ist erst ab nächsten Freitag ein Zimmer gebucht.»

«Was?»

«Ja, weiß der Geier, was da schief gelaufen ist. Es ist auch nichts mehr frei, weil außer uns noch eine Gruppe Religionslehrer hier tagt.»

«Und jetzt?»

Sie zog die Schultern hoch. «Keine Ahnung. Rüdiger hat sich auf die Suche nach dem Geschäftsführer gemacht. Diese neue Zicke an der Rezeption kriegt ja nichts gebacken.»

Haferkamp nahm sie in den Arm und drückte sie an sich. «Na komm, es wird sich schon was finden. Zur Not schlafe ich in meiner Wohnung, und Rüdiger kann mein Zimmer haben.»

«Ach, Mensch …» Sie entspannte sich ein wenig. «Das wäre doch nicht dasselbe.»

«Ich weiß. Komm, lass uns zu den anderen gehen.» Er schaute zum Schloss hinüber. «Scheint ja eine Bombenstimmung zu herrschen.»

«Das kannst du laut sagen, ein Superanfang.»

Maria und Hansjörg hatten sich mal wieder in der Wolle.

«Ich habe dir ausdrücklich gesagt, dass ich diesmal ein Zimmer mit eigenem Bad will», keifte sie. «Wieso hast du das nicht weitergegeben?»

Hansjörgs Antwort konnten sie nicht verstehen.

«Ist mir vollkommen schnuppe. Wenn ich kein anständiges Zimmer kriege, schlafe ich zu Hause.»

Jetzt waren sie nahe genug herangekommen.

«Bitte, wenn du jeden Abend nüchtern bleiben willst», giftete Hansjörg zurück, und dann im Salbaderton: «Das hier ist doch kein Urlaub, Ria. Wir proben jeden Tag bis spät in die Nacht, das weißt du doch.»

Maria schnaubte, drehte sich auf dem Absatz um und verschwand im Salon.

«Grüß dich, Jörg!» Haferkamp gab ihm die Hand.

«Martin!», kam es verkniffen zurück.

Auch Dagmar lief ins Haus. «Ich guck mal, wo Rüdiger steckt.»

Haferkamp folgte ihr langsam. Neben dem Kamin stand Kai Janicki, rauchte und hielt sich raus. Sie tauschten einen einvernehmlichen Blick.

«Martin! Das ist ja süß!» Sibylle flog quer durch den Raum auf ihn zu. Sie trug einen feuerwehrroten Overall und Boxerstiefel. «Mir geht es absolut super», kicherte sie, als sie ihm drei feuchte Küsse auf die Wangen drückte.

«Freut mich, Bylle.» Mehr Konversation musste er nicht machen, denn in diesem Moment kam Walterfang in den Salon. Seine Zottelhaare klebten ihm nass am Schädel, er hatte anscheinend tatsächlich geduscht.

«Heinrich, wie süß!» Sibylle zog ihn mit auf den Flur hinaus und fing an, mit wichtiger Miene auf ihn einzuflüstern, aber sie wurden unsanft beiseite geschoben.

Frau Wegner, seit über zwanzig Jahren die Küchenchefin, baute sich in der Tür auf. «Jetzt aber mal alle ganz schnell raus hier, wir wollen eindecken!» Dabei strahlte sie über ihr ganzes Apfelbäckchengesicht.

Selbst Hansjörg und Maria kamen aus ihren Schmollecken, um ihr die Hand zu schütteln, Umarmungen und gutmütige Knüffe wurden getauscht. Missbilligend musterte die Köchin Kai. «Junge, Junge, es wird aber wirklich Zeit, dass ich dich wieder unter meine Fittiche nehme, du bist ja richtig vom Fleisch gefallen.»

Dann scheuchte sie alle auf die Terrasse hinaus. «Dagmar, Rüdiger, das gilt auch für euch!»

«Ich denke nicht im Traum daran, auf einem Feldbett zu schlafen», schimpfte Rüdiger, als er herauskam.

«Jetzt warte doch erst einmal ab», versuchte Dagmar zu beschwichtigen. «Der Hausmeister sagt doch, er stellt ein Doppelbett auf.»

«Das passt doch nie und nimmer rein.»

Dagmar verdrehte stumm die Augen.

Mit lautem Hupen rollte ein Auto auf den Parkplatz.

«Das muss Frieder sein!» Walterfang lief sofort los, Sibylle, Hansjörg und Maria folgten ihm etwas langsamer.

Kai Janicki ließ sich auf einen der Gartenstühle fallen, die wegen des anhaltend schönen Wetters noch nicht für den

Winter weggeräumt worden waren. «In welchem Raum tagen wir eigentlich?»

«Im blauen Saal, wie immer, oder?», meinte Dagmar.

«Na, dann sollte da jemand lüften und die Heizung anstellen. Ich habe gerade reingeschaut, es ist muffig und eiskalt da drin.»

«Ich frage mal nach.» Dagmar wandte sich zum Haus, aber Haferkamp hielt sie zurück. «Lass nur, das soll Frieder regeln. Da ist er übrigens.»

Frieder Seidl kam mit ausgebreiteten Armen auf sie zu. «Mensch, habe ich euch vermisst!»

Hinter ihm tauchte Walterfang mit einem Koffer und einem Kleidersack auf. «Soll ich das schon mal hochbringen?»

Seidl drehte sich um und lächelte. «Ja, mach nur, danke, in den zweiten.»

«Wie bitte?», brauste Maria auf. «Du hast ein Zimmer mit eigenem Bad? Das ist ja wohl die Höhe!»

«Das Thema haben wir durch, Ria», zischte Möller.

Frieder runzelte die Stirn. «War nur noch ein Zimmer frei. Und glaubt mir, das brauche ich aus gutem Grund, aus einem sehr guten, wie ihr bald feststellen werdet.»

«Lass mich raten», feixte Kai, «du hast es mit der Prostata.»

Frieder lachte herzhaft.

«Wo steckt eigentlich Patricia?», wollte Sibylle wissen.

«Die ist noch bei ihrer Familie. Ihrem Vater geht es nicht so gut, und sie macht sich ein bisschen Sorgen.»

Haferkamp schaute zu Dagmar hinüber, die schon wieder rot anlief.

«Und wie stellst du dir dann die Proben vor?», fragte sie.

Seidl ließ sich vom harschen Ton nicht beeindrucken. «Ach, Patricia will dieses Mal sowieso nicht so intensiv eingebunden werden. Aber das erkläre ich euch später. Lasst mich doch erst mal richtig ankommen.» Dabei lockerte er seine Krawatte und öffnete den obersten Hemdknopf. «Gibt's bald was zu essen?» Er warf einen Blick in den Saal und entdeckte die Küchenchefin. «Wegnerin», rief er und eilte auf sie zu. «Sie sehen prächtig aus!»

Sie musterte ihn grimmig, aber dann huschte ein Lächeln über ihr Gesicht. «Der Herr Friedrich! Immer noch der Schönste im ganzen Land.»

Dann klatschte sie in die Hände. «Wenn ich zu Tisch bitten darf, Herrschaften. Die Tageskarte liegt aus.»

«Moment mal», kam es aus dem Hintergrund, «erst möchte ich was geklärt haben. Was soll dieser Quatsch mit der Zimmerverteilung, und wieso, bitte schön, bin ich erst nächste Woche eingeplant?»

«Rüdiger?» Frieder schaute zuerst irritiert, dann deutlich verärgert. «Ich dachte, das hätte ich dir schon am Telefon erklärt. In der ersten Woche können wir auf die Crew verzichten. Auch Johanna, Bärbel und Hartmut kommen erst nächste Woche.»

Jetzt riss Dagmar endgültig die Hutschnur. «Das ist doch Bockmist! Es ist verdammt wichtig, dass alle von Anfang an dabei sind, und darüber waren wir uns bisher auch alle einig, oder etwa nicht?»

Frieder griff nach ihrer Hand. «Jetzt komm wieder runter, Dagi. Im kleinen Kreis laufen die Proben doch viel effektiver, das wissen wir doch mittlerweile. Und in diesem Jahr müssen wir noch straffer anziehen als normalerweise. Schließlich wollen wir einen echten Knaller auf die Beine stellen.»

«Was auch immer du darunter verstehst», gab Dagmar bissig zurück.

«Was wir alle darunter verstehen», antwortete Frieder und seufzte. «Hört zu, ich weiß, dass es in den letzten Wochen mit der Kommunikation ein wenig gehapert hat, aber das ließ sich nicht ändern. Der Grund dafür hat sich wohl mittlerweile herumgesprochen.» Er grinste jungenhaft. «Ich habe jedenfalls zwei Kisten Champagner kalt stellen lassen, und ich freue mich schon darauf, wenn wir nach dem Essen anstoßen und feiern. Was meint ihr?»

Walterfang applaudierte, Sibylle und auch Möller fielen ein.

Frieder ließ seinen Blick über die Gesichter schweifen. «Mensch, Leute, he, das ist unser erster Abend. Das bedeutet Seele baumeln lassen und ganz entspannt bei einem guten Glas Fahrt aufnehmen.»

«Wo tagen wir denn in diesem Jahr?», fragte Kai mit trockener Stimme.

«Im blauen Saal, wie immer. Warum fragst du?»

«Weil der nicht vorbereitet ist.»

«Ach, verdammt, das fehlt gerade noch.» Frieder eilte in den Gang, blieb aber in der Tür noch einmal stehen. «Ihr könnt euch ja in der Zwischenzeit meine Buße überlegen. Meint ihr, zehn ‹Gegrüßet seist du, Maria› könnten reichen?»

Sibylle kicherte, Möller lachte und murmelte etwas, das wie «Sauhund» klang.

«Ach, halt die Klappe», knurrte Haferkamp.

Neun Obwohl die Heizung auf vollen Touren lief, war es im Blauen Saal immer noch ein wenig muffig und klamm, aber das schien keinen sonderlich zu stören.

Mittlerweile war es halb zwölf geworden, und Haferkamp lehnte sich entspannt in seinem Sessel zurück. Nach dem reichhaltigen Abendessen – er hatte Sauerbraten mit Rotkohl gewählt – und ein paar Gläsern Champagner waren alle milde gestimmt. Mit den zwölf Flaschen hatte Frieder ihre Trinkfreudigkeit allerdings eindeutig überschätzt.

Als er jetzt aufstand, um Rüdiger nachzuschenken, legte der die Hand auf sein Glas. «Danke, aber mir reicht's für heute. Wenn ich noch mehr trinke, bin ich morgen zu nichts zu gebrauchen.»

«Also, ehrlich», moserte Frieder, «du hörst dich an wie ein Tattergreis.» Seine Sprache war deutlich verwaschen, er hatte noch nie viel Alkohol vertragen.

«Ich bin kaputt, schließlich habe ich noch bis fünf gearbeitet.»

«Wie die meisten anderen auch», meinte Dagmar aufgekratzt und hielt Frieder ihr Glas hin. «Mir kannst du noch was geben. Wann kriegt unsereins schon mal so ein edles Gesöff?»

«Mir auch noch was!», rief Bylle. «Ist bloß schade, dass Hartmut nicht da ist. Der hätte jetzt seine Gitarre ausgepackt, und wir hätten ein bisschen was singen können.»

Haferkamp rümpfte die Nase. Er hatte nie viel Spaß an den munteren Sangesrunden gehabt. Hartmut spielte eigentlich ganz gute Sachen, aber stets wurde schnell der Ruf nach ‹American Pie› und ‹Where do you go to, my lovely› laut, und jedes Mal endete es schließlich bei den Beatles und Bob Dylan.

Er leerte sein Glas und stand auf. Kai, Dagmar und er hatten nach dem Essen die Fotokopien ihrer Texte geholt, es wurde Zeit, sie zu verteilen.

«Jetzt sei doch nicht so ungemütlich!», maulte Sibylle, aber er ließ sich nicht beirren.

«Wir haben ein Mordspensum vor uns. Wenn wir uns morgen Mittag zusammensetzen, muss nicht nur jeder alle Texte gelesen haben, wir müssen uns auch über das ‹Best-of-Programm› im Klaren sein.»

Auch Dagmar und Kai reichten ihre Stapel herum.

Frieder klopfte anerkennend auf das Päckchen Papier in seinem Schoß. «Mann, wart ihr fleißig!»

«Und wo ist dein Material?», fragte Kai.

«Erwischt!» Frieder schaute zerknirscht. «Ich habe so gut wie gar nichts zustande gebracht, tut mir Leid. Wenn ich mich ans Schreiben gemacht habe, ist nur Mist dabei herausgekommen. Ich hatte wohl einfach zu viel anderes um die Ohren.»

Verblüfftes Schweigen, Frieder war der Kreativste von ihnen allen gewesen, hatte immer eher zu viel Material beigesteuert.

«Aber», fuhr er nuschelnd fort, «ich habe drei wunderbare Sketche überarbeitet, die unser Hansjörg geschrieben hat.»

«Du?», japste Maria.

«Hört, hört», rief Rüdiger.

Möller schlug die Augen nieder. «Na ja», brummelte er.

Haferkamp war früh aufgewacht und hatte in aller Ruhe duschen können, bevor der große Ansturm einsetzte. Auch im Frühstücksraum war er der Erste. Er holte sich einen Becher Kaffee, zwei Butterhörnchen und Konfitüre vom Buffet, umschiffte die gedeckte lange Tafel und setzte sich an einen kleinen Fenstertisch.

Die Sonne spitzte gerade eben so über die Baumwipfel, ein zarter Nebelschleier lag über dem feuchten Gras.

Er fühlte sich ausgeruht und frisch. In den letzten Jahren war er hier jeden Morgen mit einem völlig verspannten Rücken aufgewacht, aber anscheinend hatte man die Betten mit neuen Matratzen ausgestattet. Als er den Frühstückstisch verließ, war es nicht einmal neun. Er hatte alle Zeit der Welt, denn sie würden sich erst zum Mittagessen wieder treffen. Bis dahin sollte jeder alle Texte gelesen haben, und da er Kais und Dagmars Material schon kannte, musste er sich nur mit den drei Sketchen beschäftigen, die Hansjörg wundersamerweise zu Papier gebracht hatte.

In seinem Zimmer öffnete er beide Fensterflügel, machte sein Bett und setzte sich dann zum Lesen an den Tisch.

Gott, was für ein Klamauk! Genau die Art von Sketchen, die ihn auf die Palme brachte.

Bei den Dialogen erkannte man deutlich Frieders Handschrift, die waren okay, aber Aussage und Umsetzung … ‹Griechischer Wein› war wirklich unterste Comedy-Schublade.

Er nahm sich einen Zettel und formulierte ein paar diplomatische Sätze, die er später in die Diskussion einbringen konnte. Sie würden sicher heute den ganzen Tag damit verbringen, sich über die Zusammensetzung des Programms zu einigen. Als Erstes würden sie über den ‹Best of›-Teil abstimmen müssen, und bei dem Gedanken daran wurde ihm mulmig. Nicht von allen Sketchen, die er ausgesucht hatte, gab es Videomitschnitte. Möglicherweise würden sie einiges neu aufzeichnen müssen. Hatten sie noch die gleiche Frische, würden sie die Dinge nach all den Jahren noch einmal überzeugend rüberbringen?

Er merkte, wie seine Laune weiter in den Keller ging. Die ersten zwei, drei Tage waren für ihn jedes Mal schlimm. Das, was in den Anfangsjahren für alle völlig in Ordnung gewesen war, ging ihm inzwischen furchtbar auf die Nerven: all das basisdemokratische Gesülze, die Scheingefechte, die Abstimmerei. Erst wenn die Proben losgingen, fing es an, Freude zu machen, dann wusste er wieder, warum er der ‹13› so viel Zeit widmete und die ganzen Jahre dabeigeblieben war.

Er schob die Kopien zusammen und legte sie in eine Kladde. Dann schloss er das Fenster.

Eine Runde durch den Park würde ihm gut tun, er wollte sich die Skulpturen anschauen.

Die Morgenwolken hatten sich verzogen, die ersten gefallenen Blätter leuchteten goldgelb im Gras.

Er ertappte sich dabei, dass er einfach nur dastand und tief die würzige Luft einatmete. Eigentlich war er von klein auf eher ein Sommerkind gewesen, die Zeit von November bis März hatte er immer nur irgendwie überstanden. Mittlerweile mochte er den Herbst, selbst der November hatte am Niederrhein seine eigene melancholische Schönheit.

Der Dezember allerdings war für ihn immer noch schwer zu ertragen. Da stand er bis in die Puppen im Laden und machte zähneknirschend den ganzen Weihnachtsrummel mit, denn das waren die Wochen im Jahr, in denen er den meisten Umsatz machte.

Vom Dunklen ins Dunkle, dazwischen nur künstliches Licht.

Und Heiligabend, wenn die anderen anfingen zu feiern, wollte er sich einfach nur ins Bett legen und zehn Stunden schlafen. Nun denn, dieses Jahr würde ihn keiner daran hindern.

Monika hatte alljährlich ein perfektes Festprogramm auf die Beine gestellt: einen deckenhohen, üppig geschmückten Tannenbaum, geheimnisvolle Päckchen, Kerzenschein und Pfefferkuchen. Und natürlich ein Menu: Gänsekeulen mit Pfanniknödeln und Rotkohl aus dem Glas, als Dessert die neueste Kreation aus dem Hause ‹bofrost›. Hauptsache weihnachtlich.

Am ersten Feiertag dann zu ihren Eltern, wo sich auch ihre Geschwister samt Nichten und Neffen einfanden, die alle sehr individuell beschenkt wurden: ‹Playmobil› für die Kleinsten, ‹Lego› für die etwas Älteren, für die «Großen» Computerspiele. Bücher hatten nie zur Diskussion gestanden.

Er war bei der ersten Skulptur angekommen und schüttelte die Erinnerung ab.

Aus schwarzem Stein, nicht besonders groß, ein Mann und eine Frau im innigen Kuss vereint, zwischen ihnen ein Baby, das an ihren prallen Brüsten saugte, sein deutlich sichtbarer Penis. Erotisch? Nein, eher zärtlich, anrührend.

Langsam wanderte er weiter: ein Frauenleib mit drei Köpfen und sechs Brüsten, ein wunderbar ausladender Hintern mit Vulva, der Stein so glatt, dass man ihn berühren wollte.

Die Kunstwerke standen auf den unterschiedlichsten Stelen, fast willkürlich verteilt zwischen Büschen und Sträuchern, manche auf bemoosten Baumstümpfen, und fügten sich so perfekt in die Atmosphäre des alten Parks ein.

«Sie sind rührend und wunderschön, nicht wahr?» Dagmar war zwischen die beiden Blutbuchen getreten und beobachtete ihn.

«Ja», sagte er nur. «Wie geht's dir?» Sie sah müde aus.

«Nicht besonders. Ich habe miserabel geschlafen, und Rüdiger ist auch noch ziemlich schlecht drauf.»

«Wo steckt er?»

«Er liest noch, und dann wollte er los und ein paar Kästen Bier besorgen.»

Frieder hatte mühelos die Rollen gewechselt, keine Champagnerlaune mehr, kein «Kinder, wie habe ich euch vermisst», kein «Seele baumeln lassen».

Er hatte Rüdiger Stift und Block hingelegt – «Du kannst heute Protokoll führen» – und dann das «Meeting» eröffnet. Seit über zwei Stunden diskutierten sie nun schon darüber, welche Sketche in den ‹Best of›-Teil der Fernsehaufzeichnung aufgenommen werden sollten, und drehten sich im Kreis.

«Martin», meinte Frieder irgendwann nachdrücklich, «wir können doch nicht nur Nummern bringen, bei denen den Leuten das Lachen im Hals stecken bleibt. Man muss auch mal entspannen können, sonst erstickt man doch.»

«Na ja», wandte Rüdiger ein, «auch im politischen Kabarett gibt es krachige Pointen.»

Und weiter ging's.

Schließlich konnte Kai seinen Zorn nicht länger zügeln. «Wir haben doch überhaupt keine Chance!»

«Wer wir?», fragte Frieder kühl.

«Na, Dagmar, Martin und ich, die seriöse Fraktion. Die, die nach wie vor das machen wollen, was unsere Fans sehen möchten. Politisches Kabarett eben und keine billige Comedykacke.»

«Das ist ja wohl eine absolute Unverschämtheit», motzte Walterfang.

Die Möllers redeten wütend durcheinander.

Frieder musterte Kai gelassen. «Okay», sagte er endlich, «ich sehe, was du meinst. Dann gibt es wohl nur eine Lösung, die uns und alle unsere Fans zufrieden stellen dürfte. Rüdiger, liste doch mal alle Sketche in zwei Spalten auf, danach machen wir eine ausgewogene Mischung: drei aus der – Pause – ‹seriösen› und drei aus der Primitivfraktion. Mehr als sechs Nummern gestatten uns die Fernsehleute nämlich nicht.»

«Also, das finde ich jetzt auch nicht gut, wie du hier polarisierst», hob Sibylle an, verstummte aber sogleich wieder.

Es dauerte weitere fünfundvierzig Minuten, bis man sich darauf geeinigt hatte, welche Sketche als «seriös» und welche als «primitiv» einzustufen seien, dann wurden sie sich über die Auswahl aber schnell einig.

Haferkamp stand auf und ging zu dem Beistelltisch, um sich ein Mineralwasser einzugießen.

Mit dem Ergebnis konnte er leben, aber die Stimmung im Saal behagte ihm nicht.

Um vier Uhr bot Rüdiger eine Runde Weißbier an. Danach stand die Auswahl des aktuellen Programms an.

«Und bitte, Leute, ein bisschen weniger emotional, wenn's geht», mahnte Frieder. «Denkt dran, wir müssen heute unbedingt zu einem Ergebnis kommen.»

Diesmal wurde die Diskussion derart zivilisiert geführt, dass Haferkamp sich wunderte, dass nicht irgendwer einen Antrag zur Geschäftsordnung stellte. Man demonstrierte Streitkultur, genügend Übung hatten sie ja.

Gegen halb sechs schritten sie zur ersten Abstimmung, und Möllers «Griechischer Wein» landete mit fünf zu vier Stimmen auf dem ersten Platz.

Haferkamp verknotete sich der Magen. Er biss sich auf die Lippen, aber Dagmar hielt es nicht länger aus und sprang auf.

«Mir reicht's, das ist doch eine gottverdammte Farce hier! Wenn die anderen auch da wären, sähen die Abstimmungsergebnisse ganz anders aus. Der Haufen hier ist doch überhaupt nicht repäsentativ, aber ich vermute mal, da steckt Methode hinter.»

«Komm, hör auf.» Rüdiger wollte sie wieder auf den Stuhl herunterziehen. «Du verträgst einfach kein Bier.»

Aber sie schlug seine Hand weg. «Wie du meinst, mein Gebieter. Dann gibt es heute eben kein Ergebnis mehr. Ich muss nämlich schleunigst raus hier.»

Haferkamp schaute ihr nach. Er wusste, dass sie keineswegs betrunken war.

Auch Frieder stand auf. «In Ordnung, so wie es aussieht, führt wohl kein Weg daran vorbei: Wir verfahren nach dem gleichen Muster wie vorhin. Teilen wir die Texte, die zur Wahl stehen, in zwei Kategorien ein und mischen dann.

Ich finde das zwar höchst ermüdend, aber bitte – Pause bis nach dem Abendbrot, gleicher Ort, aber hoffentlich bessere Stimmung.»

Zehn Es war Sibylle, die das gereizte Schweigen beim Essen nicht länger ertrug.

«Ich habe übrigens tolle Neuigkeiten. Heinrich weiß es schon.» Sie warf Walterfang, der ihr gegenüber saß, einen verschwörerischen Blick zu. «Man hat mir einen PR-Job bei SAT 1 angeboten!»

«Wie bist du denn da drangekommen?», fragte Maria atemlos.

«Keine Ahnung, sie haben mich einfach angerufen. Die brauchen jemanden für ein neues Format, das im März nächsten Jahres starten soll.»

«Und was soll das sein?», wollte Möller wissen.

«Richtig konkret sind sie nicht geworden, aber am 10. November habe ich ein Gespräch.»

«Du hast dich nicht beworben?»

Sibylle feixte. «Nö, aber ganz unbekannt bin ich in der Branche schließlich nicht.»

Möller schüttelte missbilligend den Kopf. «So was habe ich ja noch nie gehört.»

Walterfang lachte leise. «Da kann doch nur einer dahinter stecken. Gib's schon zu, Frieder.»

Seidl fuchtelte abwehrend mit seinem Besteck und schluckte den Bissen, den er im Mund hatte, herunter. «Ich wollte, es wäre so, aber damit hab ich wirklich nichts zu tun.»

Haferkamp saß am Tischende neben Kai Janicki. Sie hatten beide Wiener Schnitzel mit Kartoffelsalat bestellt, aber während Haferkamp genüsslich aß, stocherte Kai nur geistesabwesend auf seinem Teller herum.

«He, Kai», rief Walterfang, «wenn du dein Essen nicht mehr schaffst, hier sitzt ein williger Abnehmer.» Er hatte sein Hirschragout mit Wirsing in Windeseile verspeist.

Janicki stand auf, reichte ihm wortlos den Teller herüber und ging hinaus auf die Terrasse.

Haferkamp folgte ihm. Im Haus war Rauchverbot, und bevor sie sich wieder in Klausur begaben, wollte er sich noch schnell eine Zigarette gönnen.

Als er sah, dass Kai in sein Handy sprach, zog er sich an das entgegengesetzte Ende zurück, aber sein Freund hatte das Gespräch schon beendet.

«Und? Alles in Ordnung mit Bettina?», fragte Haferkamp.

Janicki zögerte. «Nein», sagte er dann, «es geht ihr sehr schlecht. Wenn ihre Eltern nicht zu uns gekommen wären, hätte ich überhaupt nicht fahren können.» Er verstaute das Handy in der Hosentasche. «Seit wann rauchst du eigentlich wieder?»

«Seit ein paar Wochen.»

«Gibst du mir auch eine?»

Haferkamp hielt ihm die Schachtel hin und gab ihm Feuer.

«Danke.» Kai schaute ihn nachdenklich an. «Ich weiß auch nicht, was diesen Schub ausgelöst hat. Eigentlich hatte sie sich gut erholt, aber am Mittwoch ging's plötzlich wieder los, und zwar massiv.»

Haferkamp fasste sich ein Herz. «Wie hat sie es eigentlich

111

aufgenommen, dass sie so sang- und klanglos durch Patricia ersetzt worden ist?»

Janicki sah blicklos in die Ferne. «Eigentlich ganz locker. Sie meinte, sie sei ja ohnehin nur die Ersatzfrau gewesen, und jetzt müsste sie sich wenigstens nicht mehr mit dem Lampenfieber rumplagen.»

«Ersatzfrau?», wunderte Haferkamp sich und drückte seine Zigarette in einem Blumenkübel aus. «Sie war immerhin dreiundzwanzig Jahre dabei.»

«Schon.» Kai machte es ihm nach und versteckte die beiden Kippen unter den Erikapflanzen. «Ich weiß nicht, vielleicht gerät sie auch in Panik, wenn ich wegfahre, und dann geht's wieder los. Das war auch letztes Mal so.»

«Als du mit Dagmar bei mir warst, um das Programm durchzugehen?»

«Ja.»

«Hm …»

Die anderen warteten schon.

«Ich habe mir das Ganze durch den Kopf gehen lassen», begann Kai sofort. «Wir können nicht über die Sketche abstimmen, solange wir kein vernünftiges Konzept haben. Wir müssen uns erst einmal anschauen, welche Themen wir jeweils behandelt haben, und dann sehen, welches Motto sich daraus ergibt. Hat sich irgendjemand schon Gedanken darüber gemacht, wie das Programm heißen soll?»

Rüdiger schnitt ihm das Wort ab. «Bevor wir uns darüber unterhalten, muss ich erst mal was loswerden. Ich stimme dir übrigens voll und ganz zu, Kai, es wird Zeit, dass wir, genauso wie sonst auch, die inhaltlichen Aussagen diskutieren. Es ist doch total Scheiße, was hier abgeht, Listen machen, drei ernste, drei doofe. Ich bin doch hier nicht bei ‹Indisch Atmen›, wir sind doch keine gottverdammte Selbsthilfegruppe.» Seine Stimme blieb ganz beherrscht.

Sozialpädagoge, dachte Haferkamp.

«Aber was anderes», fuhr Rüdiger fort. «Bisher hatte ich hier immer das Gefühl, dass ich über mich selbst bestimmen kann, aber es scheint sich etwas Grundlegendes geändert zu haben. Wieso, Frieder, buchst du ohne jegliche Absprache vierzehn Tage am Stück? Und woher nimmst du dir das Recht zu bestimmen, wer wann anreist? Wenn du auf einmal den Boss raushängen lassen willst, dann mach eine klare Ansage, darauf können wir uns einstellen.»

Sibylle reagierte als Erste. «Wenn das ein Versuch werden soll, den Konflikt, der sich hier anscheinend aufgebaut hat, gruppendynamisch und demokratisch zu lösen, finde ich deine Wortwahl aber reichlich daneben.»

Aber Frieder reagierte gleich. «Tut mir Leid, ich verstehe ja, dass einige von euch sauer sind, aber bei mir ging in letzter Zeit echt alles drunter und drüber. Wisst ihr, unser Entschluss zu heiraten kam sehr spontan. Kaum hatten wir darüber gesprochen, da saßen wir schon im Flieger nach Vegas. Ich habe nur versucht, auf den letzten Drücker alles trotzdem noch irgendwie zu organisieren.»

«Das hättest du delegieren können», meinte Haferkamp. «War schließlich sonst auch nie ein Problem.»

«Kommt, Kinder, macht mal halb lang.» Dagmar hob beschwichtigend die Hände. «Für mich ist es offensichtlich, dass wir wegen dieser dämlichen Fernsehaufnahmen ganz schön unter Druck stehen, und zwar alle. Das gefällt mir nicht. Ich denke, wir sollten das für den Moment ausblenden und so locker wie immer an die Sache herangehen.»

Maria lachte auf. «Die Macht der Medien. Sagt mal, wieso können die uns überhaupt vorschreiben, dass wir nur sechs Stücke aus den alten Programmen spielen dürfen?»

«Das tun sie doch gar nicht», antwortete Frieder ungeduldig. «Sie zeichnen nur sechs auf. Auf der Tour können wir so viele spielen, wie wir wollen.»

«Und warum haben wir dann nur sechs ausgesucht?», fragte sie katzig.

«Hört doch endlich auf!» Heinrich Walterfang kämpfte mit den Tränen. «Habt ihr denn alles vergessen? Habt ihr tatsächlich vergessen, wie toll es mit uns war all die Jahre? Wir sind zusammen in Urlaub gefahren, wir haben Freundschaften fürs Leben geschlossen …»

Maria, die neben ihm saß, tätschelte ihm die Hand, und er nickte dankbar.

«Sogar eine Ehe ist daraus hervorgegangen. Ich weiß, einige von euch finden mein Junggesellendasein seltsam, und ein paar teilen meine politischen Ansichten nicht, aber das ist für mich nie ein Problem gewesen.»

Haferkamp litt still vor sich hin, aber Walterfang war noch nicht fertig.

«Für mich …» Er schluckte hart. «Für mich war die Gruppe identitätsstiftend, versteht ihr? Mein Gott, was haben wir zusammen schon für Riesenerfolge gefeiert! Und ich sage euch, wenn wir uns auf den echt professionellen Weg begeben hätten, dann wären wir ganz oben, dann hätten wir längst eine eigene Fernsehshow. Und jetzt geht ihr hin und macht alles kaputt. Das könnt ihr doch nicht tun. Ihr könnt doch nicht alles wegwerfen.»

Endlich unterbrach Frieder ihn. «Du hast ja Recht, Heinrich. Wir sind schon ein ganz besonderer Haufen, und ich bin sicher, keiner von uns stellt unsere Freundschaft in Frage. Jetzt lasst uns endlich diesen leidigen Konflikt vom Tisch räumen. Weißt du, Martin, im Grunde bin ich der gleichen Ansicht wie du. Du kannst nicht ernsthaft glauben, dass mir dieser seichte Mist gefällt, der sich heute Kabarett schimpft. Aber wir können auch die Augen nicht davor verschließen, dass die Zeiten sich geändert haben. Wir leben nicht mehr in den Siebzigern. Ich fürchte, auch wir müssen uns ein wenig anpassen, wenn wir mithalten wollen. Da stellt sich mir die Frage: Ist es nicht besser, scheinbar mit dem Strom zu schwimmen – auf hohem Niveau natürlich – und die Dinge von innen heraus zu verändern?»

Martin Haferkamp holte Luft, aber Dagmar fuhr sofort dazwischen: «Jetzt halt dich mal zurück, Martin. Ich denke, so langsam kristallisiert sich heraus, worum es eigentlich geht. Ich schlage vor, dass ihr beide, Frieder und du, einen langen Spaziergang miteinander macht. Dann kehrt hier vielleicht endlich Frieden ein.»

«Du hast 'n Vogel», sagte Haferkamp und wunderte sich, wie sehr es ihn traf, dass sie ihn derart in den Regen stellte.

«Allmählich könnten wir von der persönlichen Schiene runterkommen», sagte Kai. «Das politische Kabarett steckt seit Jahren in der Krise, das ist wahrhaftig nichts Neues.»

«Ach was», fuhr Frieder dazwischen. «Politisches Kabarett, literarisches Kabarett, Comedy, dieses Schubladendenken ist doch ein typisch deutsches Nachkriegsproblem, genauso wie die Trennung von E- und U-Musik. Das hat es in England zum Beispiel nie gegeben. Wir können froh sein, dass diese Grenzen endlich aufweichen, es ist wahrhaftig höchste Zeit.»

Haferkamp lachte kurz auf. «Wie bitte? Comedy als

Überwindung des nationalsozialistischen Traumas? Einen größeren Bockmist hab ich noch nie gehört.»

Kai warf ihm einen scheinbar kritischen Blick zu, aber er sah das Schmunzeln in den Augenwinkeln.

«Nun ja, es stimmt», meinte der, «das Kabarett befindet sich im Wandel. Aber wir dürfen nicht vergessen, dass auch wir uns verändert haben. Mittlerweile sind wir alle etabliert.»

«Willst du damit sagen, wir sind nicht mehr hungrig genug?», fragte Dagmar. «Das sehe ich aber anders.»

«Mag sein, ich bin mir nicht so sicher. Ich weiß nur, dass ich um etliche Illusionen ärmer bin und sicher nicht mehr der große Weltverbesserer wie vor zwanzig Jahren. Aber was solls. Wenn ich mir unser aktuelles Material anschaue, wie wär's mit dem Titel: ‹Zwischen arm und selig›?»

«Super!», rief Sibylle. «Echt super, passt irgendwie zu allem, was ich gelesen habe. Lasst uns ein paar Pullen Wein köpfen.»

Sie stieß auf wenig Gegenliebe, aber das machte ihr nichts aus. «Hast du die Bush-Pantomime schon drauf, Kai? Die ist bestimmt zum Schreien.» Sie kicherte. «Fällt die eigentlich unter ‹seriös› oder ‹primitiv›? Komm, lass sehen. Vielleicht bringt das ja ein bisschen Leben in die Bude.»

«Wir wissen doch noch gar nicht, ob wir die ins Programm nehmen», knurrte Möller.

«Natürlich kommt die ins Programm», fuhr Frieder ihn an. «Das ist eine Supernummer. ‹Zwischen arm und selig› gefällt mir übrigens sehr.»

Martin Haferkamp konnte nicht einschlafen, obwohl er hundemüde war.

Sie gingen ihm alle auf die Nerven: Sibylle, die immer überkandidelter wurde, der missgünstige Möller mit seiner herrischen Maria. Und dann Dagmar – sicher, sie war schon immer ihre ‹Miss Harmony› gewesen, aber doch noch nie auf seine Kosten.

Vielleicht waren dreißig Jahre einfach genug. Vielleicht sollte er nach der Jubiläumstour aussteigen und etwas ganz anderes machen. Er spielte schon lange mit dem Gedanken, einen kleinen Verlag zu gründen und eigene Sachen zu veröffentlichen, neuen Autoren die Gelegenheit zu geben, sich zu äußern, Schräges, Skurriles, kein Mainstream. Vielleicht hatte Kai Lust, mit einzusteigen, das konnte er sich gut vorstellen.

Sie hatten es tatsächlich noch geschafft, das Programm zusammenzustellen. Sibylle hatte dabei zwei Flaschen Wein niedergemacht, alle anderen hatten sich an Nichtalkoholisches gehalten, das Eis war zu dünn, als dass man sich hätte gehen lassen können.

‹Zwischen arm und selig› war kein schlechtes Programm, aber sie hatten schon rundere gehabt. Das lag sicher auch daran, dass Frieders Handschrift fehlte. Seine Sketche hatten eine besondere Leichtigkeit, sie waren gekonnt, und er schrieb sie fast mit links. Das hatte er oft erlebt, wenn sie auf die Schnelle noch einen Kracher brauchten. Wieso war Frieder so aus dem Tritt, dass er nichts mehr zustande brachte?

Hansjörgs Texte waren nicht annähernd ein Ersatz. Den ‹Griechischen Wein› bekam er immer noch nicht runter, aber daran konnten sie bei den Proben hoffentlich noch arbeiten.

Um Viertel vor eins waren sie endlich fertig geworden

und bis auf die überdrehte Bylle und Walterfang, der den ganzen Abend fast fieberhaft den großen Versöhner gegeben hatte, todmüde. Frieder hatte trotzdem noch seinen Laptop eingeschaltet und die Texte des neuen Programms rundgemailt. Johanna musste sich Gedanken zum Bühnenbild machen und das entsprechende Equipment besorgen, ebenso Bärbel, die sich um die Kostüme kümmerte. Die beiden würden am Freitag mit einem Kleinlaster anrollen und unterwegs noch Hartmut und sein Piano einsammeln.

Haferkamp fühlte sich klebrig.

Wenn er jetzt duschen ging, würde er das halbe Haus aufwecken, sicherlich Dagmar im Zimmer auf der anderen Seite.

Er tat es trotzdem.

Elf Er wachte auf, weil ihm kalt war. Erst Viertel nach sieben. Warum hatte er nur die ganze Nacht das Fenster offen gelassen?

Draußen fuhr rumpelnd ein Traktor vorbei, aber im Haus war noch alles still. Er nahm eine Cordhose und einen warmen Pullover aus dem Schrank und zog sich schnell an. Leise ging er ins Bad, wusch Hände und Gesicht, putzte sich die Zähne und beschloss, auf eine Rasur zu verzichten. Ein Luxus, den er sich sonntags auch zu Hause gönnte.

Unten lief er Frau Wegner in die Arme.

«Schon wieder auf dem Weg nach draußen?» Die Köchin setzte eine beleidigte Miene auf. «Früher bist du morgens immer auf eine Tasse Kaffee zu mir in die Küche gekommen und hast versucht, mir meine Geheimrezepte abzuluchsen. Dieses Jahr rennst du dauernd in den Park und guckst dir die afrikanischen Weiber an, dabei habe ich auch 'n schönen Popo.»

Er musste lachen, aber sie stimmte nicht mit ein. «Mal ernsthaft, ihr seid mir viel zu brav dies' Jahr. Früher habt ihr alle geschmokt wie die Weltmeister, immer meine guten Untertassen als Aschenbecher benutzt und an den beklopptesten Stellen versteckt. Und dann all die Flaschen, die ihr in eurem dullen Kopp nicht weggeräumt habt, und ich musste die dann unauffällig verschwinden lassen. Was ist denn diesmal los mit euch? Ihr trinkt nicht mehr, ihr singt

nicht mehr, es wird ja noch nicht mal richtig gelacht. Dabei
ward ihr immer meine Lieblingsgruppe, auf die ich mich
das ganze Jahr gefreut hab. Also, was ist, ist einer gestorben,
hab ich was nicht mitgekriegt?»

«Nein, gestorben ist keiner …»

«Und wo ist eigentlich Johanna? Und den Hartmut habe
ich auch noch nicht gesehen.»

«Die kommen später.»

Sie schnalzte tadelnd mit der Zunge. «Ich komme schon
noch dahinter. Wie sieht's jetzt aus, Lust auf Kaffee und
warme Hörnchen? In der Küche, bloß wir zwei. Die übri-
ge Belegschaft kommt erst um acht.»

«Etwas Besseres könnte ich mir im Moment nicht vorstellen, Hedwig.»

Sie stellte ihm einen Korb mit Hörnchen und eine Scha-
le Butter hin und goss zwei Becher Kaffee ein. An ihrem
nippte sie nur kurz, dann holte sie einen großen Klumpen
aufgegangenen Hefeteig aus dem Nebenraum, klatschte ihn
auf den Tisch, bestäubte ihn großzügig mit Mehl und fing
energisch zu kneten an.

«Und du bist wieder allein», stellte sie nüchtern fest.

Haferkamp verschluckte sich fast an seinem Kaffee. «Woher weißt du das?»

«Die Stadt ist klein.»

Er nickte und lächelte. «Ja, ich bin wieder frank und frei,
und ich fühle mich sehr wohl dabei.»

Sie murmelte irgendetwas, teilte den Teig in Portionen
und legte sie auf ein Backblech.

«Bist du dir da sicher?», fragte sie, während sie sich am
Spülbecken die Hände wusch. «Vor der Entscheidung habe
ich auch mal gestanden vor, na, zwanzig Jahren, vielleicht

nicht ganz so lang. Aber dann habe ich mir gedacht: Der Spatz in der Hand ... du weißt schon. So schlecht bin ich gar nicht damit gefahren, letztendlich.»

«Monika und ich sind aber nicht gut miteinander gefahren.»

«Willst du ein Spiegelei?»

Haferkamp schüttelte den Kopf, aber sie stellte schon die Pfanne auf den Herd. «Eure Generation weiß mir ein bisschen zu genau, was richtig und was falsch ist. Immer seid ihr so fix dabei mit Trennung und Scheidung und Selbstverwirklichung. Und dann steht ihr auf einmal ganz alleine da. Und ich sag dir, im Alter ist das gar nicht schön. Da mach ich doch lieber ein paar Kompromisse, muss ich sonst ja auch.» Sie hielt plötzlich inne und lauschte. Nebenan schlug eine Tür.

«Ich glaube, meine Truppe rückt an, genug gequasselt.»

Haferkamp trank den letzten Schluck Kaffee im Stehen und schnappte sich noch ein Hörnchen.

«Und sieh zu, dass wieder ein bisschen Schwung in deine Bande kommt, ihr seid doch hier nicht auf Exerzitien.»

Im Speisesaal hatten sich fast alle zum Frühstück eingefunden. Haferkamp nickte grüßend und ging weiter. Er wollte noch eine Kleinigkeit an seinem PISA-Song ändern.

«Martin, warte mal!» Dagmar kam ihm nachgelaufen.

«Was ist denn?»

«Ich habe mich dir gegenüber gestern wirklich schofel benommen», sagte sie zerknirscht. «Das tut mir Leid, wirklich, ich ...»

«Schon gut. Jetzt frühstücke erst mal, wir reden später darüber.»

«Aber …»

«Ehrlich, Dagmar, ist schon gut.» Damit ließ er sie stehen, hörte aber noch, wie sie mit dem Fuß aufstampfte – «Mist!».

«Mensch, Bylle, es dürfte doch klar sein, worum es in meinem Sketch geht», ereiferte sich Dagmar eine knappe Stunde später. «Jeder Fundamentalist, egal, welcher Couleur, hat den Kontakt zur Realität verloren und ist schlicht krank im Kopf. Diese hier sind außerdem noch eine Bande von Chauvis und Frauenunterdrückern.»

«Ja, ja, schon klar, nur …»

Aber Dagmar war richtig in Fahrt. «Als ich neulich in Holland war, habe ich diesen antiislamistischen Film von Theo van Gogh gesehen. Er spricht von der 5. Kolonne der Ziegenficker, und ich habe mir überlegt, ich hätte gern ein paar lebende Ziegen auf der Bühne mit Schildern am Hintern, auf denen steht: Zur gefälligen Benutzung durch unsere fundamentalistischen Freunde.»

«Bist du verrückt geworden?» Möller sprach ausnahmsweise einmal so laut, dass man ihn auf Anhieb verstand.

«Keineswegs, lieber Jörg. Also, was ist jetzt mit den Ziegen?»

Frieder wand sich. «Das musst du mit Johanna besprechen.»

«Die ist aber nicht da!», pfiff Dagmar ihn an.

Er zog nur kurz die Brauen hoch. «Dagmar, wenn wir deinen Sketch so lassen, überschreiten wir eindeutig eine Grenze. Den bringt das Fernsehen nie und nimmer.»

«Was ist denn das für ein Scheißargument?», mischte sich Haferkamp ein. «Sind wir jetzt schon unsere eigene Zensur? Sagen wir nur noch, was gerade opportun ist? Wo bin ich denn hier?»

«Also, ich finde den Sketch ja irgendwie gut», meldete sich Walterfang leise, «aber ich versteh auch, was Frieder meint.»

«Schnickschnack», schnitt Dagmar ihm das Wort ab. «Für die männlichen Rollen stelle ich mir Kai, Frieder und Martin vor, die Muselmanin könnte Patricia übernehmen, sie ist ja ein dunkler Typ. Wann kommt sie denn nun?»

«Heute Abend», antwortete Frieder.

«Gut, dann springe ich so lange ein. Lasst uns eine Leseprobe machen.»

«Jetzt warte doch», hielt Sibylle sie zurück. «Dieses Ding ist mir viel zu starker Tobak. Da mach ich nicht mit. Ich habe keine Lust, wie Salman Rushdie den Rest meines Lebens im Untergrund zu verbringen.»

«Vorschlag zur Güte», übertönte Frieder das allgemeine Stimmengewirr, «wir stellen Dagmars Sketch erst mal hintenan. Lasst uns zuerst Kais Bush-Pantomime probieren.»

«Es gibt nur ein kleines Problem: Da Hartmut nicht hier ist, haben wir keine Musik.» Diese Spitze konnte Kai sich nicht verkneifen, aber er lenkte gleich ein. Er habe alles mit Hartmut besprochen. Sie hatten sich für Brahms' ‹Ungarische Tänze› entschieden.

«Das ist die Musik, die bei der Rasierszene in Chaplins ‹Der große Diktator› läuft.»

Er summte die Melodie, und die anderen fielen ein.

«Prima! Okay, Trockenübung. Ich mache George W., für Rumsfeld hätte ich gern Hansjörg und für Condoleezza Rice die Bylle.»

Während der Rest der Gruppe unbeirrt die Melodie summte und Kai eine Glanzvorstellung hinlegte, holperten sich Möller und Sibylle ziemlich hölzern durch die Szene.

«Ihr setzt beide zu viel Mimik ein», erklärte Kai. «Und deine Haltung, Bylle. Schließ die Augen und stell dir die Rice vor.»

Sibylle lächelte hilflos.

«Macht nichts», sagte Kai. «Ich habe ein Video mitgebracht, das können wir uns später anschauen.»

Dann wandten sie sich Martins PISA-Song zu. Da auch hier die Musik fehlte, stellten sich Dagmar, Kai und Frieder zu einer halbherzigen Sprechprobe auf.

«Siehst du endlich ein, was für ein Schwachsinn es war, nur die halbe Mannschaft anrücken zu lassen?», schimpfte Haferkamp.

Frieders dudelndes Handy enthob ihn einer Antwort. Er schaute aufs Display und verließ den Raum.

Haferkamp stellte sich ans geöffnete Fenster und zündete sich eine Zigarette an. Er würde zum Mittagessen in die Stadt fahren, allein.

«Du rauchst wieder?» Rüdiger gesellte sich zu ihm.

Haferkamp nickte nur.

«Schlechte Laune?»

«Wundert dich das?»

«Hört mal zu, Leute», rief Frieder von der Tür her. «Der WDR will morgen kommen und die Proben filmen.»

«Aber sicher doch.» Rüdiger tippte sich an die Stirn. «Die haben ja wohl einen Stich. Als hätten wir sonst nichts zu tun. Wir sind doch ohnehin knapp mit der Zeit.»

«Ich habe zugesagt. Um zehn rollen sie an.»

«Na super, tolle Idee», motzte Maria. «Und was, bitte

schön, sollen wir zeigen? Wir haben doch noch gar nichts drauf.»

Frieder seufzte. «Die wollen Probenarbeit sehen, Ria, keine fertigen Ergebnisse.» Er schaute in die Runde. «Ich habe noch ein paar andere Telefonate geführt, denn ich denke, ihr habt Recht, so funktioniert's nicht. Also, Johanna, Hartmut und Bärbel kommen schon übermorgen im Laufe des Tages.» Eine Reaktion wartete er nicht ab. «Was ist jetzt? Sollen wir uns Kais Video anschauen und dann bis zur Mittagspause an der Pantomime arbeiten?»

«Ich finde das so was von Scheiße, dass du dich einfach vom Acker machst», rief Walterfang ihm hinterher.

«Muss nur kurz zu Hause meine Blumen gießen», sagte Haferkamp grinsend und ging.

Frau Wegner stand am Fenster und ließ sich die Küchendünste aus dem Haar pusten.

«Wo willst du denn hin? Schmeckt dir mein Essen nicht mehr?»

«Doch, sicher, Hedwig. Ich muss nur kurz nach Hause und meine Blumen gießen.»

«Ausgerechnet mittags? Das kannst du deiner Oma erzählen. Wie läufst du überhaupt rum? Du siehst ja aus wie ein Schablönder, nicht rasiert und so 'n lubberigen, ollen Pullover.»

Haferkamp lächelte zerknirscht. «Ich bin heute nicht so gut drauf.»

«Heute Morgen ging's aber noch.»

«Tja ...»

«Brauchst mal eine Pause, wie? Also gut, zieh los, und lass es dir schmecken.»

Er parkte an der Burg, stöberte in den Leseexemplaren, die sich auf seiner Rückbank stapelten, wählte einen Roman aus und lief den Berg hinunter zum Italiener in der Großen Straße.

Eine Stunde später hatte er eine Portion Schnecken à la casa und eine Carpaccio gegessen und zweiundfünfzig Seiten gelesen. Er fühlte sich gut.

Sie waren sich einig, dass Martins Sketch zu Hartz IV große Klasse war, und lachten über die absurden Umschulungsmaßnahmen, die er beschrieben hatte. Am besten kam der Hausmeister an, der zum IT-Manager ausgebildet werden sollte.

«Das heißt übrigens nicht mehr Hausmeister», sagte Rüdiger, «die schimpfen sich jetzt Facility Manager.»

«Im Ernst?», prustete Kai. «Es wird immer bekloppter. Was bin ich dann? Education Manager?»

Schon die erste Probe lief glatt, und wenig später arbeiteten sie hauptsächlich nur noch am Timing. Harmonie machte sich breit und wurde dankbar angenommen, bis sie sich an die erste Leseprobe von «Griechischer Wein» machten.

«Stoppt mal bitte», rief Haferkamp. «Ich will dir wirklich nicht zu nahe treten, Jörg, aber ich komme mit dem Ding nicht klar. Das sind doch nur ein paar dämliche Fußballfans, die sich gegenseitig ihre nationalen Vorurteile um die Ohren hauen. Was soll daran komisch sein?»

«Na, genau das, diese Vorurteile», maulte Möller.

«Aber das ist doch kein abendfüllendes Thema. Da muss doch irgendetwas Gehaltvolles rein. Von mir aus können sie ja im Stadion sitzen, aber mach sie doch zum Beispiel zu Kriegsgegnern und Kriegsbefürwortern, da hättest du wenigstens etwas Brisanz.»

Sie retteten sich in die Kaffeepause.

Dagmar begutachtete das Kuchenbüfett. «Kalter Hund!», staunte sie und lächelte. «Den gab es bei uns früher immer auf Kindergeburtstagen. Schaut mal, ‹Frankfurter Kranz›. Ich wusste gar nicht, dass den noch irgendjemand backt.»

Auch Kai nahm sich ein Stück. «Sollen wir uns nach draußen setzen? Sieht aus, als wäre es warm genug.»

Unten am Teich waren Frieder, Möller und Rüdiger in ein leises Gespräch vertieft. Sibylle und Maria hatten sich nur schwarzen Kaffee genommen und schlenderten mit ihren Bechern über die Wiese.

«Rück mal ein Stück, Martin!» Walterfang quetschte einen vierten Stuhl an den Tisch und machte sich über das erste seiner vier Tortenstücke her.

Kai schob nach drei Bissen seinen Teller weg. «Ich hatte ganz vergessen, wie mächtig das Zeug ist.»

Haferkamp stierte grimmig in seine Kaffeetasse. «Ich hätte nicht übel Lust, noch eine Publikumsbeschimpfung zu schreiben.»

Ein paar Jahre lang war diese Nummer ein fester Bestandteil ihrer Programme gewesen.

Dagmar lachte hell. «Na, wie das wohl kommt? Ist aber eine gute Idee. Sollen wir das nicht zusammen machen? Kai, bist du dabei?»

«Sicher, wenn wir noch Zeit dafür finden.»

Walterfang rammte ihm schmerzhaft den Ellbogen in die Rippen. «Guckt euch mal den tollen Schlitten an!»

Ein dunkelblauer Roadster rollte auf den Parkplatz.

Walterfang sprang auf. «Frieder, da kommt Patricia!»

Seidl ließ die anderen beiden Männer stehen und lief über die Wiese. «Sternchen, da bist du ja!»

Er schloss seine Liebste in die Arme, und sie küssten sich ausführlich.

Patricia war die Tochter eines lateinamerikanischen Botschafters, erst vierundzwanzig, und Frieder hatte sie kennen gelernt, als sie sich in seiner Agentur als Praktikantin beworben hatte.

Jetzt legte er ihr den Arm um die Schultern und zog sie mit sich.

Bildschön wie immer, dachte Haferkamp. Bildschön und – eindeutig schwanger.

Frieder strahlte übers ganze Gesicht und legte sanft die gespreizte Hand auf den kleinen Kugelbauch. «Darf ich euch meine beiden kostbarsten Menschen präsentieren?»

Es gab ein Riesenhallo.

Martin sah nur Dagmar, der alle Farbe aus dem Gesicht gewichen war. Ungelenk stand sie auf, schob den Stuhl zurück und stolperte in den Park. Haferkamp schaute sich um. Nicht einmal Rüdiger hatte etwas bemerkt.

«Versteht ihr jetzt, warum wir ein Zimmer mit eigenem Bad brauchen?», rief Frieder.

«War's ein Unfall?», kreischte Sibylle.

«Natürlich nicht», antwortete Patricia und klang ein wenig angestrengt.

Frieder übertönte sie: «Und heute Abend machen wir den restlichen Champagner nieder!»

Auch Haferkamp stand jetzt auf und rang sich ein Lächeln ab. Er küsste Patricia auf die Wange. «Glückwunsch.»

Dann zog er sich unbemerkt in den Park zurück. Er fand

sie unter der Buche, das Gesicht eine weiße Maske. «Mir ist kalt.»

«Komm her, ich halte dich.»

Zwölf «Ich verlasse ihn.»

«Wie bitte?» Haferkamp schob sie von sich und sah ihr ins Gesicht.

«Ich werde mich von Rüdiger trennen.»

«Was redest du da? Ich dachte, es wäre wegen …»

Sie warf den Kopf zurück, ihre Augen glitzerten. «Was? Was dachtest du?!» Dann wischte sie seine Hände von ihren Schultern. «Rüdiger hat sich längst entschieden, er weiß es nur noch nicht. Oder vielleicht besser: Er traut sich nicht.» Sie presste beide Fäuste gegen die Augen, dann reckte sie wieder das Kinn. «Aber darauf läuft es hinaus, und ich habe nicht vor, den langen Weg zu gehen. Besser ein Ende mit Schrecken – so war ich schon immer, so habe ich auch immer gearbeitet.»

«Dagmar …»

«Was? Es ist schlicht und einfach vorbei, ganz undramatisch.» Sie schlug die Augen nieder. «Könnte ich eine Weile bei dir wohnen, übergangsweise?»

«Nein. Jetzt hör doch auf, Dagi. Du bist völlig neben dir. Du redest Quatsch.»

«Ganz bestimmt nicht.» Sie umschlang seinen Nacken. «Könntest du mich küssen, Martin? Ich meine, so richtig küssen.»

Und er küsste sie, richtig, obwohl er wusste, dass es schrecklich falsch war.

Die Religionspädagogen waren abgereist, und vor Donnerstag wurden keine neuen Gäste erwartet. Sie waren also unter sich und konnten es sich im Salon gemütlich machen.

Wie sie dort vor dem Panorama des romantisch erleuchteten Parks auf den Sofas und Sesseln herumlümmelten und Sekt schlürften, Haferkamp fand es schwer zu ertragen. Die restlichen Champagnerflaschen waren schnell geleert, und Möller ging, um eine Kiste Wein aus seinem Auto zu holen.

Patricia hielt sich an Mineralwasser, sie trank niemals Alkohol. Der sei schlecht für die Figur und schade der Haut, hatte sie im letzten Jahr verkündet und sich dadurch nicht unbedingt beliebt gemacht, aber das hatte sie nicht weiter gestört. Für ihr Alter war sie erstaunlich selbstbewusst und gelassen, vielleicht lag es daran, dass sie an Eliteinternaten erzogen worden war. Sie wusste ganz genau, was sie vom Leben erwartete – nämlich nur das Beste –, und sie schien vollkommen sicher zu sein, dass sie es auch bekommen würde.

Jetzt kuschelte sie sich in Frieders Arm und sorgte ganz unauffällig dafür, dass dessen Glas möglichst selten aufgefüllt wurde.

«Hör mal, Schneekönig», meinte Rüdiger mit schwerer Zunge, «dir ist doch wohl klar, dass du fast siebzig bist, wenn dein Kind Abitur macht. Es wird Opa zu dir sagen.»

Frieder lächelte nur und streichelte zum x-ten Mal Patricias Babybauch.

Sie sieht überhaupt nicht schwanger aus, dachte Haferkamp. Da war lediglich diese perfekte kleine Kugel, aus der irgendwann das perfekte Designbaby schlüpfen würde.

Er schaute zu Dagmar hinüber, die den ganzen Abend kaum ein Wort gesagt hatte.

«Nein, wirklich», beharrte Rüdiger, «ich käme mir komisch vor, wenn ich in meinem Alter noch einen Kinderwagen schieben müsste. Die schlaflosen Nächte und was sonst noch so dazugehört, ich weiß nicht, das müsste ich wirklich nicht haben.»

«Sag mal, Rüdiger», ließ sich Möller vernehmen, «kann es sein, dass du neidisch bist?»

Rüdiger gab einen dumpfen Laut von sich, und für einen Moment sah es so aus, als wollte er Möller an die Kehle gehen.

Frieder bemerkte von alledem nichts. «Ich freue mich drauf.» Er streckte sich wohlig. «Ich fühle mich einfach großartig. Ich wollte eigentlich schon immer Kinder, es hat sich bisher nur noch nie ergeben.»

Dagmar stellte ihr Glas ab und verließ ohne ein Wort der Erklärung den Raum.

«Wie süß», meinte Sibylle, «unser cooler Frieder wird auf seine alten Tage plötzlich noch richtig romantisch. Habt ihr schon Namen ausgesucht?»

«Wir warten ab, bis sie geboren ist», antwortete Frieder. «Wenn sie so dunkel ist wie Patricia, werden wir sie Jacinta nennen, ansonsten wird's eine Aimée.»

«Es ist also ein Mädchen?»

«Bis jetzt sieht es ganz danach aus.»

«Hört mal, Leute», meldete sich Maria zu Wort. «Wir gammeln hier rum, dabei hat Patricia noch keinen einzigen Text gelesen. Wie sollen wir denn morgen mit den Proben weitermachen?»

«Ach, Patricia hat genug Zeit zum Lesen, wenn wir uns mit den Fernsehleuten herumschlagen.»

«Sind überhaupt Rollen dabei, die eine Schwangere

spielen könnte?», fragte Patricia. «Ihr müsst bedenken, ich werde im siebten Monat sein, wenn die Tour anfängt.»

«Doch, doch», murmelte Maria, «oder?»

Sie überlegten gemeinsam.

«Ach, lasst», unterbrach Patricia sie. «Ich schätze, es wird am besten sein, wenn Bettina dieses Jahr meinen Part komplett übernimmt.»

«Ausgeschlossen», wehrte Kai sich matt. «Bettina geht es zurzeit nicht besonders.»

Patricia warf ihre schwarze Mähne zurück. «Mein Gott, sie ist doch schon seit Jahren krank. Aber so, wie ich gehört habe, hat sie es trotzdem immer irgendwie hingekriegt.»

Janicki rang um Fassung, und Haferkamp beeilte sich, ihm zur Seite zu springen. «Mach dir keine unnötigen Gedanken, Patricia. Wir schaffen es sehr gut ohne Bettina – und ohne dich.»

«Lass gut sein, Sternchen», raunte Frieder und zog sie noch näher an sich heran.

Haferkamp wachte auf, weil er aufs Klo musste. Er hatte schlecht geschlafen. In dieser Nacht schien das Haus nicht zur Ruhe zu kommen. Schritte auf dem Flur, Türen klappten, jemand tuschelte.

Mochten die Außenmauern des Schlosses auch mächtig sein, die Zwischenwände, die man eingezogen hatte, um die herrschaftlichen Säle in Fremdenzimmer zu verwandeln, schienen aus Pappe zu sein.

Er schlüpfte in Boxershorts und T-Shirt und trat auf den Gang hinaus. Die Treppe knarrte. Im Schein der Notbeleuchtung erkannte er Frieder, der, im gleichen Aufzug wie er selbst, von unten heraufkam und dabei leise in sein

Handy sprach. Mit wem mochte er um diese Uhrzeit telefonieren? Als er Haferkamp ausmachte, drückte er das Gespräch weg.

«Ist was passiert?», fragte Haferkamp.

«Überhaupt nicht, nein, alles in Ordnung. Meine Süße hat nur Durst.» Er hielt eine Flasche Sprudelwasser hoch.

Haferkamp nickte knapp, öffnete die Klotür und hätte am liebsten auf dem Absatz kehrtgemacht. Im Nebenzimmer war ein Riesenkrach im Gange. Rüdiger, der sich so gern besonnen gab, brüllte wie ein Verrückter. Haferkamp hörte Dagmar wimmern und schreien und hätte sich am liebsten die Ohren zugehalten.

An Schlaf war nicht zu denken, er versuchte es auch gar nicht erst: Aus einer Manuskriptseite bastelte er sich einen Aschenbecher und stellte sich rauchend ans Fenster.

Der Mond war beinahe voll, spiegelte sich fahl im Teich und schickte gespenstische Schatten in den stillen Park.

Haferkamp lehnte die Stirn an die kalte Scheibe. Sie fuhren eine Leiche spazieren. Und keiner wollte es wahrhaben.

Auf einmal war die Entscheidung klar: Dies war seine letzte Saison. Nach der Tour war für ihn Schluss, aber das würde er vorerst für sich behalten. Nur mit Kai würde er reden, er musste mit ihm reden. Kai schien für die anderen der langmütigste Mensch der Welt zu sein, aber Haferkamp wusste, wie sehr es in ihm brodelte. Patricias unverschämte Bemerkung heute Abend hatte das Fass beinahe zum Überlaufen gebracht. Er hatte es schon erlebt: Wenn Kai explodierte, war der Ausbruch meistens so gewaltig, dass er übers Ziel hinausschoss und sich dabei selbst ins Unrecht setzte. Das durfte nicht geschehen.

Das Team vom WDR, eine Redakteurin, ein Kameramann und ein Tonmensch, tauchte pünktlich um zehn Uhr auf, aber die drei stiegen zunächst nicht aus ihrem Auto aus, sondern machten erst einmal ihre gesetzlich vorgeschriebene Frühstückspause. Als sie sich endlich ans Ausladen und Vorstellen machten, wurde schnell klar, dass keiner von ihnen jemals von der «Wilden 13» gehört hatte.

Frieder tobte. «Ich habe gestern noch mit Kindermann telefoniert, und er hat mir zugesichert, dass er die Sache hier selbst übernimmt.»

«Ihm ist kurzfristig etwas dazwischengekommen», sagte die schicke Redakteurin freundlich, «aber machen Sie sich keine Sorgen, er hat mich ausführlich gebrieft. Sie sind der Herr Seidl, nicht wahr? Der Mann, der dieses Kabarett ins Leben gerufen hat. Um Sie herum wollen wir das ganze Feature aufbauen.»

Ein schlechter Start, und es wurde nicht besser.

Sie probten Martins Hartz IV-Sketch, der am Vortag so gut gelaufen war, kamen aber nicht ein einziges Mal dazu, ihn bis zum Ende durchzuspielen, da die Redakteurin im Minutentakt die Einstellungen ändern ließ. Danach ging es an die Interviews. Die Redakteurin hatte die aparte Idee, jedem Einzelnen vor derselben Kulisse dieselben Fragen zu stellen. «Es ist ja nun doch schade, dass nicht alle dreizehn da sind, aber das kriege ich schon hin, keine Sorge.»

Dann wollte sie, quasi als Höhepunkt, die ganze Gruppe beim Mittagessen filmen. «Es wäre fein, wenn Sie alle das gleiche Gericht wählen würden, dann kommt der Klausurcharakter besser rüber.»

Zähneknirschend entschieden sie sich für den Bohneneintopf, kamen aber nicht dazu, ihn zu essen, denn auch jetzt hampelte die Dame mit verschiedenen Einstellungen herum. Um Viertel vor zwei rauschten die Fernsehleute wieder ab – schließlich mussten sie pünktlich zum Feierabend wieder in Köln sein – und ließen eine völlig entnervte und sehr hungrige ‹13› zurück.

«Ich besorge uns ein paar Sandwichs», meinte Frieder grimmig und machte sich auf den Weg, aber die Küche war abgeschlossen und nur die Rezeptionistin aufzutreiben.

«So etwas ist nicht vorgesehen. Nachmittags gibt es, wie Sie wissen, eine Kuchentafel, und die ist selbstverständlich vorbereitet.»

«Das wissen wir auch durchaus zu schätzen, gute Frau, aber nach den anstrengenden Dreharbeiten heute hätten wir doch lieber etwas Herzhaftes. Es kann doch nicht so schwierig sein, ein paar Brote zu streichen und einen Topf Suppe warm zu machen, Herrgott!»

«Tut mir Leid, dass Sie es noch nicht gemerkt haben, aber Sie sind hier nicht in einem Sternehotel», sagte sie schnippisch und ging.

Schließlich erbarmte sich Maria. «Na gut, dann fahre ich eben in die Stadt zum Türken und hole uns Brot, Käse und so was. Kommt jemand mit?»

«Ich!», rief Sibylle und kramte ihre Geldbörse aus dem Rucksack. «Dann kann ich auch gleich ein paar Flaschen Hochprozentiges besorgen. Mir ist heute überhaupt nicht nach Wein und Bier.»

Patricia, die sich den ganzen Tag nicht hatte blicken lassen, kam die Treppe herunter, den Manuskriptstapel unterm Arm. «Ich bin durch», verkündete sie. «Ist ganz okay, aber ich muss sagen, ihr wart schon besser. Wenn ich ehrlich sein soll: Ich vermisse die Glanzlichter.»

«Ja, ja», fiel ihr Frieder ins Wort. «Darüber reden wir später. Ach, Bylle, bring alles für Caipis und Mojitos mit, okay? Mir ist heute nach Cocktails.»

«Na, dann drückt aber alle einen Obolus ab. So gut bin ich nicht bei Kasse.»

Patricia fasste Frieder beim Arm. «Cocktails? Aber, Frieder, das ist …»

Er küsste sie schnell und flüsterte ihr etwas ins Ohr. Ihr Gesicht wurde merkwürdig ausdruckslos.

«Ein komplett vertaner Tag, aber was soll's!»

Als sie sich an den Abendbrottisch setzten, war die Stimmung schon ordentlich angeheizt.

Haferkamp beobachtete, wie Dagmar ihr halb geleertes Glas mit einem giftgrünen Getränk bis zum Rand mit Schnaps auffüllte. Er selbst hatte sich nur ein Bier genommen. Kai neben ihm nippte an einem Glas Weißwein.

«Was hältst du eigentlich von einem eigenen Verlag?», fragte Haferkamp leise.

Janicki schaute ihn nachdenklich an, dann schmunzelte er verschmitzt und reckte den Daumen. «Ich glaube, jetzt brauche ich auch etwas Stärkeres.»

«He, Martin», lallte Bylle. «Diese fettigen Bratkartoffeln machen komische Sachen in meinem Magen. Schieb mir mal den Gemüsesalat rüber.»

Rüdiger hatte seinen Arm auf Frieders Schultern gelegt und redete auf ihn ein.

Haferkamp bekam nur Bruchstücke mit: «Totale Scheiße … uns so hängen lässt …»

Patricia saß daneben und sah aus, als hätte sie in eine Zitrone gebissen.

«Jetzt wird abgeräumt», schallte es plötzlich von der Tür her. Frau Wegner scheuchte ihre Küchenmädchen herein. Stirnrunzelnd beobachtete sie, wie alle sich mit schon recht unsicheren Schritten auf den Weg in den Salon machten, und winkte Haferkamp zu sich. «Von einem Riesenbesäufnis war nicht die Rede, mein Junge.»

«Ich hatte nur ein Bier, Hedwig.»

Sie hörte ihm nicht zu. «Und von guter Stimmung kann auch nicht die Rede sein. Mir gefällt das nicht.»

«Mir auch nicht, das kannst du mir glauben. Bekomme ich noch einen Kaffee bei dir in der Küche?»

«Na gut, weil du's bist.»

Als er eine knappe Stunde später in den Salon kam, taumelte ihm Dagmar entgegen und umklammerte ihn, dass ihm fast die Luft wegblieb. «Endlich! Ich hab gedacht, du wärst schon im Bett. Komm, Martin, wir gehen hoch. Schlaf mit mir.»

Er packte sie fest bei den Armen und schob sie weg. «Bist du verrückt geworden?»

«Och, bitte, ich will das schon so lange», quengelte sie.

«Nein, nicht hier, nicht jetzt und ganz bestimmt nicht, wenn du betrunken bist.»

Sie musterte ihn lange und seufzte. «Auch gut!»

Dann stolperte sie ins Zimmer zurück und ließ sich neben Kai, der auch schon ziemlich mitgenommen aussah, aufs Sofa fallen. Haferkamp blieb gegen den Türrahmen gelehnt stehen.

Maria balancierte schwankend auf einer Sessellehne und redete monoton auf ihren Mann ein, der sie gar nicht wahrzunehmen schien. Patricia hatte sich auf Frieders Schoß gekuschelt und schnäbelte, während Sibylle dem verwirrten Walterfang schon heftig auf die Pelle gerückt war. Rüdiger hing mit halb geschlossenen Augen in einem Sessel, schien aber plötzlich eine Eingebung zu haben. «Was hast du vorhin gesagt, Patriciasternchen? Du findest, bei uns fehlen die Glanzlichter? Na, was meinst du wohl, woran das liegt, hä?»

Patricia schaute ihn misstrauisch an, sagte aber nichts.

«Ich kann es dir sagen, Schätzchen», lallte er weiter. «Ich kann es dir ganz genau sagen. Das ist bloß, weil dein Beschäler zu faul war. Weil er sich lieber mit dir im Lotterbett herumwälzt, statt zu schreiben und sein Teil beizutragen. So ist das!»

Dagmar lachte laut. «Papa Frieder hat's nicht gebracht, der große Beschäler hat versagt!» Sie wollte sich nicht wieder beruhigen.

Da sprang Patricia auf. «Jetzt reicht's mir aber! Ich hab euch so was von satt. Die ganze Zeit hackt ihr auf Frieder herum, dabei hat er sich den Sommer über die Finger wund geschrieben. Ganz nebenbei verhilft er auch noch ein paar von euch zu einer Riesenkarriere, obwohl er das nun wahrhaftig nicht nötig hätte. Und was kommt von euch? Nichts als undankbares Gejammer!»

Frieder schlug stöhnend die Hände vors Gesicht. Es wurde vollkommen still. Verwirrt schaute Patricia sich um, dann dämmerte es ihr. «Du hast es ihnen noch nicht gesagt, oder? Ich glaub's einfach nicht! Das darf doch nicht wahr sein!»

Haferkamp drehte sich um und ging.

Dritter Teil

Dreizehn Als er am nächsten Morgen zum Frühstück herunterkam, waren fast alle anderen schon da, was ihn nach den Strömen Alkohol, die letzte Nacht geflossen waren, einigermaßen erstaunte.

Man hielt sich schweigend an Mineralwassergläsern fest und pickte an trockenen Brötchen herum. Sicher, sie mussten alle einen gewaltigen Kater haben, aber er wurde das Gefühl nicht los, dass eher Frieders Enthüllung für diese gedrückte Stimmung verantwortlich war.

Sibylle hatte geweint, ihr Gesicht war verquollen, darüber konnten auch die dicke Schicht Make-up und die zu Fliegenbeinen getuschten Wimpern nicht hinwegtäuschen. Er zuckte die Achseln, belud seinen Teller mit einem Brötchen, Butter, Leberpastete und ein paar Weintrauben, goss sich einen Becher Kaffee ein und wollte sich gerade an den Tisch setzen, als der Hausmeister wie von Furien gehetzt über den Rasen gelaufen kam und im Küchentrakt verschwand.

Alarmiert trat Haferkamp ans Fenster und spähte hinaus in den verregneten Park. Drüben am Teichufer lag irgendein Bündel. Er spürte, wie sich ihm die Nackenhaare aufstellten – das war ein Mensch. Ohne lange zu überlegen, entriegelte er die Terrassentür und lief geradewegs zum Teich hinunter. Er hörte den Hausmeister hinter sich brüllen: «Bleiben Sie da weg!», hörte, dass jemand hinter ihm herlief, aber er drehte sich nicht um.

Der Mann lag mit dem Gesicht nach unten und ausgebreiteten Armen bis zur Taille im Wasser. Entengrütze klebte im kurzen Haar, die linke Hand hatte sich um ein Teichrosenblatt gekrallt.

Es war Frieder.

Haferkamp beugte sich vor, um ihn beim Gürtel zu fassen, geriet ins Rutschen und wurde jäh zurückgezerrt.

«Dem ist nicht mehr zu helfen. Der ist tot.» Der Hausmeister zog ihn mit sich fort.

Verschwommen nahm er die verstörten Gesichter der anderen wahr, jemand wimmerte.

«Treten Sie bitte alle zurück», bellte der Hausmeister. «Die Polizei wird jeden Moment hier sein.»

«Die Polizei? Sind Sie nicht ganz gescheit?» Das war Möller. «Wir müssen den Notarzt rufen. Maria, wo hast du mein Handy?»

Aber der Hausmeister scheuchte sie wie einen Hühnerhaufen vor sich her. «Zurück ins Haus, und zwar alle, sofort!»

Auf der Terrasse hatten sich die Angestellten eingefunden.

Haferkamp hielt nach Hedwig Wegner Ausschau, konnte aber ihr Gesicht in der Menge nicht ausmachen.

Der Geschäftsführer kam gelaufen – «Was ist denn hier los, um Himmels willen?» –, er hatte wohl gerade erst seinen Dienst angetreten. Der Hausmeister nahm ihn beiseite und redete drängend auf ihn ein. «Da war nichts mehr zu machen», endete er schließlich. «Ich hab die Beine gefühlt – eiskalt und steif.»

Maria schnappte nach Luft und stolperte ins Haus. «Mein Gott, er muss ertrunken sein. Der war doch randvoll, der

144

wusste doch nicht mehr, wo oben und unten ist.» Sie fing an zu weinen.

Haferkamp schüttelte den Kopf, aber die Benommenheit wollte nicht weichen. Schließlich ließ er sich auf seinen Stuhl fallen und legte beide Hände um seinen Kaffeebecher.

«Wo ist Patricia?», fragte jemand leise.

Er hob den Kopf. «Sie ist letzte Nacht zurück nach Düsseldorf. Ich habe ihr noch die Koffer zum Auto getragen.»

«Wir müssen sie anrufen», jammerte Walterfang.

«Nein», antwortete Kai energisch. «Noch wissen wir nichts.»

Dann wurde es wieder still.

Haferkamp sah sich langsam um. Dagmar saß auf einem Hocker beim Fenster und starrte zu Boden, neben ihr stand Kai und hielt sie vorsichtig bei den Schultern. Rüdiger und Möller lehnten mit ausdruckslosen Gesichtern an der Tür, an der Wand Walterfang, dem unablässig die Tränen übers Gesicht strömten, aber er schien es gar nicht zu merken.

Jetzt hörte er Martinshörner, die Wagen näherten sich rasch. Mit bleischweren Gliedern erhob er sich und schleppte sich zur Terrassentür.

Zuerst der fuchtelnde Hausmeister, dann rannten Streifenbeamte und Sanitäter mit schweren Koffern über den Rasen zum Teich hinunter, gefolgt von einem dünnen Mann mit gelben Gummistiefeln und einer viel zu großen signalroten Weste, wohl der Notarzt.

Rüdiger schob Haferkamp grob zur Seite. «Lass mich mal durch.» Nach und nach kamen auch die anderen heraus. Sibylle schlug die Hände vors Gesicht und blinzelte durch die Finger.

Einer der Polizisten schien Fotos zu machen, danach versperrten die Rücken der Männer ihnen die Sicht auf Frieders Körper. Irgendwann sahen sie den Arzt beiseite treten – die Stiefel schwarz von Schlamm – und den Kopf schütteln. Sibylle heulte auf, und Haferkamp merkte, dass er die ganze Zeit die Luft angehalten hatte. Ihm war schwindelig.

Jetzt kamen weitere Leute vom Parkplatz her über die Wiese, sie liefen nicht, blickten ernst und nickten kurz in ihre Richtung.

«Wer sind die?», fragte Rüdiger leise.

«Mordkommission», antwortete Haferkamp.

«Was?», kam es entgeistert von Maria. «Wieso Mord?»

«Ich glaube, die müssen bei unklarer Todesursache immer kommen», sagte Kai.

Haferkamp nickte. Vier Leute vom Klever KK 11, er kannte sie alle. Hauptkommissar Toppe, der Dezernatsleiter, und seine Partnerin, beruflich und privat, Astrid Steendijk, waren seit vielen Jahren Stammkunden. Auch der asketische van Gemmern von der Spurensicherung war ein treuer Käufer in der Hörbuchabteilung – Lesen lag ihm anscheinend nicht so. Den vierten im Bunde kannte er ebenfalls, Josef Ackermann, der auf Biographien stand und eine heimliche Schwäche für historische Romane hatte – «Kann ruhig für Frauen sein, je schmökeriger, desto besser, un' ich heul' auch schomma gern».

War der Mann nicht eigentlich beim Betrugsdezernat?

Ackermann schien ihn in der Gruppe ausgemacht zu haben, winkte wie wild und strahlte über sein ganzes Schratgesicht. Er trug pinkfarbene Cordhosen, einen in Pink und Marine geringelten Pullover und quietschgelbe Flip-Flops.

Haferkamp hob grüßend die Hand.

«Kennst du den etwa?», fragte Möller.

«Ja.»

«Und der soll Polizist sein?»

«Sicher. Einer der besten, wie ich gehört habe.»

Er sah Toppe mit dem Arzt sprechen, der zuerst nickte, dann eine vage Handbewegung machte. Die Uniformierten fingen an, ein größeres Areal mit Flatterband abzusperren.

Haferkamp drehte sich weg und tastete seine Taschen nach seinen Zigaretten ab, er musste sie auf dem Frühstückstisch liegen gelassen haben.

Er ging hinein. Sein Kaffee war inzwischen kalt geworden, aber er trank ihn trotzdem, hoffte, dass er so den schalen Geschmack in seinem Mund loswurde.

Dagmar war ihm gefolgt. Sie sah ihn aus tränennassen Augen an, sagte aber nichts. Er machte einen Schritt auf sie zu, doch sie ging an ihm vorbei, goss sich ein Glas Orangensaft ein und trank mit gierigen Schlucken.

«Es ist wohl besser, wir behalten es für uns», sagte er.

«Ja, natürlich», antwortete sie tonlos und goss sich ein zweites Glas Saft ein. Er zündete sich eine Zigarette an und blieb in der Tür stehen. Ein Leichenwagen holperte langsam über die Wiese. Die Kripoleute waren herangekommen.

«Guten Morgen, mein Name ist Toppe, Kripo Kleve, und das ist meine Kollegin, Frau Steendijk. Würden Sie sich bitte eine Weile zu unserer Verfügung halten, wir möchten mit Ihnen sprechen.» Haferkamp kannte ihn nur als Privatmann, hatte ihn noch nie so ernst und ruhig erlebt, seine Stimme klang beinahe fürsorglich. Für Toppe war es genau

147

umgekehrt, dachte er, der kannte den Buchhändler, den privaten Haferkamp hatte er nie getroffen.

Jetzt wandte sich der Polizist an den Hausmeister. «Sie waren es, der den Mann gefunden hat, nicht wahr?»

Der nickte beflissen. «Hetzel», sagte er, «Jürgen Hetzel.»

«Dann kommen Sie bitte kurz mit, Herr Hetzel.»

Astrid Steendijk schaute sich um. «Wer von Ihnen leitet dieses Haus?»

Der Geschäftsführer reckte den Zeigefinger wie ein Schuljunge.

«Sie sind Herr …?»

«Liebeskind, angenehm.»

«Gibt es einen ruhigen Ort, an dem wir uns kurz unterhalten können?»

«Mein Büro vielleicht?»

Er hatte noch nie in seinem Leben mit der Polizei zu tun gehabt, und ihm schlackerten ein wenig die Knie, daran konnten auch die samtschwarzen, freundlich blickenden Augen der Polizistin nichts ändern.

Sie überließ ihm seinen Chefsessel, legte Block und Stift auf den Tisch und setzte sich.

Er bemerkte, dass er an seinen Manschetten herumzupfte, und faltete schnell die Hände.

«Ich habe nur ein paar Fragen», sagte sie beschwichtigend.

«Ja», krächzte er und räusperte sich.

«Sie können mir sicher sagen, wer der Tote ist.»

«Natürlich, es ist einer unserer Gäste, ein Herr Seidl aus Düsseldorf, hat eine Werbeagentur. Er gehört zu den Kabarettisten, die jedes Jahr bei uns logieren und ihr Programm einstudieren», haspelte er. «Soll ich Ihnen seine Adresse geben? Es dauert einen Moment, ich habe den Computer heute noch nicht hochgefahren.» Himmel, er plapperte wie ein Idiot, was mochte sie nur von ihm halten?

«Danke, das können wir später erledigen.» Sie lächelte leicht. «Ich denke, ich kenne die Kabarettisten. Die ‹Wilde 13›, nicht wahr? Unser Buchhändler ist auch bei dieser Truppe.»

«Ach ja, Herr Haferkamp.»

«Wissen Sie, was passiert ist? Haben Sie in der letzten Nacht irgendetwas beobachtet oder gehört?»

«Nein, das konnte ich auch gar nicht, meine Wohnung ist in einem Nebengebäude, ein ganzes Stück vom Schloss entfernt.»

«Wann haben Sie Herrn Seidl zum letzten Mal gesehen?»

«Weiß ich gar nicht genau, irgendwann gestern Nachmittag, als die Leute vom Fernsehen abgefahren sind. Die haben bei uns gedreht.»

«Und wer von Ihren Angestellten ist nachts im Hotel?»

«Keiner. Die Rezeptionistin geht um vier, einen Nachtportier haben wir nicht, und der Hausmeister wohnt außerhalb und geht in der Regel um 17 Uhr. Ich mache um diese Zeit meistens auch Schluss. Anrufe werden danach auf meine Privatleitung gelegt.»

Sie machte sich eine Notiz. «Und nach 17 Uhr sind die Gäste sich selbst überlassen?»

Sollte das ein Vorwurf sein? «Natürlich nicht», verteidigte er sich. «Das Küchenpersonal ist noch da und sorgt für das Abendessen. Die gehen um neun.»

«Und wer gehört alles zum Küchenpersonal?»

«Die Chefin ist Frau Wegner, dann wären da noch Herr

149

Sattler und vier Helferinnen. Sie arbeiten im Schichtdienst.»

«Wer hatte gestern die Spätschicht?»

Liebeskind musste überlegen. «Also, Frau Wegner habe ich gesehen, aber sonst ... Die Küche erstellt ihren Dienstplan selbständig, wissen Sie. Ich kann das aber sofort abklären. Ich könnte Ihnen auch eine Liste unserer Angestellten ausdrucken.»

«Prima.» Sie lächelte wieder. «Das machen wir gleich. Wie viele Gäste haben Sie im Moment?»

«Nur die Kabarettleute, also zehn Personen im Augenblick. Die fehlenden drei sollen heute im Laufe des Tages anreisen, wie Herr Seidl mir sagte. Er hat sich um alle Buchungen gekümmert.»

«Sind alle Zimmer auf demselben Flur?»

«Ja, im ersten Stock. Nur Herr Seidl und seine Frau haben ihr Zimmer im zweiten, obwohl ...»

«Ja?» Sie sah ihn auffordernd an.

«Nichts, mir ist nur gerade eingefallen, dass ich Frau Seidl heute noch nicht gesehen habe. Warten Sie mal ...»

Er stand auf und ging zum Fenster. «Ihr Wagen ist nicht da.»

Auch die Polizistin erhob sich. «Das war's vorerst. Jetzt möchte ich bitte das Zimmer der Seidls sehen. Und es wäre nett, wenn Sie mir deren Adresse aufschreiben und dafür sorgen, dass wir möglichst bald mit den Küchenleuten von der Spätschicht sprechen können.»

Josef Ackermann klopfte Toppe auf die Schulter – «Immer schön die Ohren steif halten, Chef!» – und kam dann schnurstracks auf Haferkamp zu. «Bin ich froh, dat ich nich' der Boss bin, der muss nämlich jetzt inne Pathologie. Ich würd da sofort flau fallen. Lassen Se uns ma' 'n Stücksken weggehen», meinte er, nahm Haferkamp beim Arm und schaute ihn traurig an. «Is' schad', dat wir uns unter solche Umstände treffen müssen. Is' dat Opfer 'n Freund von Ihnen?»

Haferkamp schluckte. «Ich kenne Frieder seit dreißig Jahren, er gehört auch zur ‹13›.»

«Ich hab et schon gehört. Seit Jahren wollt ich euch immer ma' gucken, aber ir'ndwie hat dat nie geklappt.»

«Ist er ertrunken?»

«Sieht ganz so aus. Verstehen Sie dat?»

Haferkamp senkte den Blick. «Er war ziemlich betrunken gestern Abend. Eigentlich waren sie alle ziemlich hinüber.»

«Wie ‹sie›? Sie etwa nich'? Sagen Sie bloß, Sie wären Antialkoholiker. Also, dat hätt ich nich' gedacht, dat passt gar nich' zu Ihnen.»

Haferkamp musste grinsen. «Bin ich auch nicht, aber gestern war mir einfach nicht danach.»

«Dat kenn ich. Wann haben Sie denn den Frieder dat letzte Mal gesehen?»

«Das muss gegen Mitternacht gewesen sein …»

«Un' wat war er da am tun?»

«Er saß mit den anderen im Salon.»

«Un' hat 'ne Party gefeiert.»

«Kann man so sagen …»

«Da hör ich doch wat anderes raus. Jetz' ma' Butter bei de Fische.»

Haferkamp zuckte die Achseln. «Na ja, wir hatten gestern einen ziemlich anstrengenden Tag. Es lief nicht besonders gut mit den Proben, und dann der Zeitdruck. Ich würde sagen, wir waren alle etwas gereizt.»

«Nobel ausgedrückt. Et hat also Zoff gegeben.»

«So würde ich das nicht sagen …»

Ackermann blinzelte ihn unwillig durch seine dicken Brillengläser an. «Sie haben doch wat. Sons' sind Sie doch ganz anders.» Dann fuhr er sich durchs Haar. «Wird wohl der Schock sein», murmelte er und zog einen Bleistiftstummel und einen Zettel, der aussah wie eine Tankquittung, aus der Hosentasche. «Warten Se ma', dat muss ich ebkes aufschreiben: Haferkamp – Mitternacht – die anderen. Also, wie war dat? Wat haben Sie denn dann gemacht?»

«Ich bin auf mein Zimmer gegangen. Ich war müde, und ich musste noch Text lernen.»

«Un' die anderen waren alle noch im Salon?»

«Ich glaube schon.»

«Na, jetz' strengen Se sich aber ma' 'n bisken an. Sie waren doch nüchtern.»

«Doch, die waren alle noch da.»

«Konnt der Frieder schwimmen?»

«Ja, natürlich.»

«Dann muss er aber echt einen im Kahn gehabt haben. Un' die anderen?»

Haferkamp verstand nicht. «Was meinen Sie?»

«Na, ob die anderen wat mitgekriegt haben, wie dat passiert is'.»

«Nicht, dass ich wüsste. Wir sind alle geschockt.»

Ackermann steckte Stift und Zettel weg. «Dat kriegen wir schon noch.»

Vierzehn

Der Nieselregen hatte wieder eingesetzt und alle ins Haus getrieben.

Unschlüssig hockten sie im Salon, keiner sprach. Haferkamp hielt es kaum auf seinem Stuhl, er wollte sich bewegen. Worauf warteten sie?

Ackermann schlurfte durch die Terrassentür herein. Er trug eine abgewetzte gelbe Regenjacke und wischte sich die beschlagenen Brillengläser mit den Fingern ab.

Auch Astrid Steendijk hatte sich einen Mantel übergezogen, einen blauen Dufflecoat. Sie musste oben bei den Zimmern gewesen sein.

«Ich habe kein Gepäck von Frau Seidl gefunden», sagte sie. «Ist sie schon abgereist?»

Man schaute sich an.

«Ja», antwortete Haferkamp schließlich, «gegen halb zwei diese Nacht.»

Die Steendijk runzelte die Stirn, aber bevor sie etwas sagen konnte, meldete sich Maria zu Wort. «Sie und Frieder hatten Streit.»

«Ja», ergänzte Sibylle, «Patricia ist schwanger, und sie meinte, sie könnte keine Aufregung gebrauchen. Sie war aber ganz gelassen, wie sie eben so ist.»

Die Polizistin schien nicht zufrieden, fragte aber nur: «Hat jemand von Ihnen sie schon verständigt?»

Kopfschütteln.

«Dann werde ich das jetzt veranlassen. Ich bin gleich wieder da.» Sie holte ihr Handy hervor und ging zu Ackermann hinüber. «Kommst du mit nach draußen, Jupp? Wir müssen uns kurz unterhalten.» Damit zog sie sich die Kapuze über und fing noch im Hinausgehen an zu telefonieren.

Sie hatten die Tür offen gelassen, und Haferkamp ging hinüber, lehnte sich mit der Schulter an den Rahmen und spitzte die Ohren, aber sie standen mit dem Rücken zu ihm, und er vernahm nur undeutliches Gemurmel.

Dann klingelte Steendijks Handy. Als sie das Gespräch entgegennahm, drehte sie sich um und schaute ihm direkt in die Augen. Sie lauschte, und für einen Moment wurde ihr hübsches, herzförmiges Gesicht starr. Das Gespräch dauerte nur wenige Sekunden. Sie steckte das Handy weg und sprach auf Ackermann ein, dessen Körper plötzlich in Bewegung geriet.

Haferkamp konnte einzelne Satzfetzen ausmachen: «... von außerhalb», «... möglich, aber ... Zoff inne Hütte ...»

Jetzt kamen die beiden langsam aufs Haus zu und waren klar zu verstehen.

«Ich muss beim Wetterdienst nachfragen, wann es letzte Nacht zu regnen angefangen hat.»

«Dat kannste dir schenken, Mädken, ich weiß et nämlich zufällig ganz genau. Ich bin nämlich vor der Glotze eingeschlafen, auf 'm Sofa, un' dat Fenster drüber hat ich auf Kipp stehen. Un' wach geworden bin ich davon, dat mir der Schauer in 't Gesicht geblasen wurd, un' da war et kurz vor halb drei. Hat Bonhoeffer die Tatzeit?»

«Ja, zwischen vier und halb sechs.»

«Un'? War er besoffen?»

Die Steendijk nickte. «1,6.»

Haferkamp trat beiseite, um die zwei hereinzulassen.

Die Polizistin zog sich die Kapuze vom Kopf, schaute sie der Reihe nach an und hob dann kaum merklich die Schultern. «Frieder Seidl ist nicht ertrunken. Er ist erschlagen worden.»

Mehrere Leute zogen scharf die Luft ein. «Das kann doch nicht wahr sein!»

«Womit?», fragte Kai Janicki.

Ackermann drehte sich zu ihm um. «Mit wat Stumpfem, halb rund, gar nich' ma' so klein.»

Astrid Steendijk warf ihm einen Blick zu, und er biss sich auf die Lippen.

«Die Tatwaffe wurde noch nicht gefunden», sagte sie. «Wir werden jetzt das Schloss und die Umgebung durchsuchen und …»

«Wie viel Jungs soll ich anrollen lassen?», fiel ihr Ackermann ins Wort. «Ach egal, ich mach schon, un' van Gemmern soll auch noch ma' kommen un' dat alles hier 'n bisken genauer unter de Lupe nehmen.» Damit wieselte er hinaus.

«Natürlich müssen wir uns auch in Ihren Zimmern umschauen», fuhr die Kripofrau fort. «Ich möchte, dass Sie alle hier im Raum bleiben, bis wir damit fertig sind.» Sie strich sich eine dunkle Locke aus der Stirn. «Gibt es hier im Hotel eine Waschmaschine, die den Gästen zur Verfügung steht?»

«Nein», antwortete Rüdiger verwirrt.

Haferkamp spürte, wie sich sein Magen zusammenkrampfte – die glaubten tatsächlich, einer von ihnen hätte Frieder totgeschlagen! Die Fassungslosigkeit in den Gesich-

155

tern der anderen sagte ihm, dass sie alle denselben Gedanken hatten. Er ließ sich neben Janicki auf einen Stuhl fallen.

«Waschmaschine?», murmelte Kai. «Meine Güte, jetzt kapiere ich: erschlagen!»

«Ja», raunte Haferkamp, «Blut an den Kleidern ...»

Minutenlang war es wieder still. Die Fassungslosigkeit wich einer Verunsicherung, dann schlich sich Misstrauen in die Gesichter. Niemand schaute sich in die Augen.

Rüdiger fasste Dagmars Hand, und sie entzog sie ihm nicht. Sie hing auf ihrem Stuhl wie eine Lumpenpuppe.

Im Park wurde es unruhig, Uniformierte schwärmten aus, van Gemmern, in weißem Overall und Überschuhen, hastete über den Rasen. Dann klopfte jemand kurz gegen den Türrahmen, und alle fuhren herum.

Der Hauptkommissar war zurück.

Er wechselte ein paar Worte mit Steendijk und Ackermann, die sich auf den Weg nach oben machten, zog dann seine Jacke aus und ließ sie auf einen Stuhl fallen.

«Meine Kollegin hat Sie ja bereits informiert», begann er. «Ich kann Sie natürlich nicht zwingen, aber sind Sie damit einverstanden, wenigstens für den Anfang der Ermittlungen erst einmal im Schloss zu bleiben? So wie es aussieht, haben wir es mit Mord zu tun, und es ist sicher auch in Ihrem Sinne, dass er so schnell wie möglich aufgeklärt wird.»

Möller sah sich anscheinend als Sprachrohr. «Selbstverständlich bleiben wir hier.» Das Murren seiner Frau überhörte er. «Schließlich haben wir für vierzehn Tage Unterkunft und Verpflegung bezahlt!»

Toppe nickte. «Sehr gut, das erleichtert uns die Arbeit. Entschuldigen Sie mich einen Moment, ich bin gleich wieder bei Ihnen.»

Rüdiger ließ Dagmars Hand los und folgte ihm. «Ich gehe nur kurz in die Küche und besorge uns frischen Kaffee.» Es war nicht klar, an wen diese Worte gerichtet waren, und weder der Kommissar noch die anderen antworteten ihm.

Kai Janicki fröstelte und rieb sich das schmerzende Knie. «Weißt du eigentlich, was hier gestern Abend abgegangen ist?»

«So ungefähr», antwortete Haferkamp. «Ich konnte nicht schlafen, bin die halbe Nacht rumgetigert und habe Rüdiger und Hansjörg noch getroffen. Außerdem hat Dagmar es mir erzählt.»

«Wann denn das?»

«Weiß ich nicht mehr genau.»

Janicki senkte die Stimme. «Wer weiß, welchen Dreck Frieder sonst noch am Stecken hatte. Vielleicht hat sich jemand aus Düsseldorf oder von sonst wo in den Park geschlichen und ihm das Lebenslicht ausgeblasen.»

«Glaubst du das?»

«Nein, aber über die andere Möglichkeit will ich nicht nachdenken.»

«Warum flüstern wir eigentlich?», fragte Haferkamp, als er sah, dass alle an ihren Lippen hingen. «Hier geht doch jedem dasselbe im Kopf herum.»

«Ich habe Angst.» Sibylle hatte die Finger so fest verschränkt, dass die Haut über ihren Knöcheln fast transparent war. Ihre Unterlippe zitterte.

«Was für ein Quatsch», fauchte Maria. «Dazu ist es ja wohl zu spät. Außerdem finde ich es unverschämt, wie man uns behandelt. Was soll ich hier im Salon? Löcher in die Wände starren? Und was ist, wenn ich mal aufs Klo muss? Soll ich dann etwa …»

Möller schnitt ihr das Wort ab. «Halt den Mund, Maria!» Offensichtlich hätte er ihr am liebsten eine gescheuert.

In diesem Moment kam der Kommissar zurück. «Ich muss zunächst einmal Ihre Personalien aufnehmen und mir ein erstes Bild machen. Kommen Sie doch einfach mit mir nach nebenan.» Ein leichtes Lächeln huschte über sein Gesicht. «Wer macht den Anfang?»

«Ich?» Sibylle schaute fragend in die Runde, und als Haferkamp nickte, stand sie auf. Plötzlich war der Druck von ihrer Brust gewichen, sie fühlte sich leicht. Langsam folgte sie Toppe in den Blauen Saal, wo ein Tisch ans Fenster gerückt worden war, auf dem sich verschiedene Formulare und Papier stapelten.

Der Typ war süß, er hatte was, groß, gute Proportionen. Als sie sich ihm gegenüber an den Tisch setzte, schaute er sie an – dunkelblaue Augen – und schob die Ärmel seines blauen Wollpullovers hoch – sexy Unterarme.

«Wollen wir anfangen?»

Sie zuckte zusammen wie ertappt. «Ja, sicher. Ich heiße Sibylle Langenberg.»

«Vorn mit ‹i› und hinten ‹y›?»

«Ja, richtig, geboren am 19. Juni 1957 in Erkelenz. Adresse?»

«Ja, bitte.»

«Fürstenwall 61 in Düsseldorf. Müssen Sie die ganzen Bögen per Hand ausfüllen?»

Toppe schaute ihr wieder in die Augen, und sie erschauerte. «Ich könnte meinen Laptop nehmen, aber ich brauche einfach meine Zettelwirtschaft, auch wenn ich mir dadurch doppelte Arbeit mache.»

«Schöne Handschrift ...»

«Nur jede Menge Übung.»

«Ich arbeite als Assistentin im Kultusministerium.»

Seit wann kannte sie Frieder Seidl? Waren sie näher miteinander befreundet gewesen?

«Schildern Sie die ‹Wilde 13›. Wie oft kamen Sie zusammen? Welche Rolle spielte Frieder Seidl in der Gruppe?»

«Er war schon irgendwie unser heimlicher Star. Und er hat alles gemanagt.»

Hatte es unter ihnen Streit gegeben?

Bylle senkte die Lider. «Sie wissen doch, wie Künstler sind, ein bisschen hysterisch und hyperempfindlich. Gestern waren wir alle ein wenig gestresst, aber so was kommt immer mal vor, das ist nichts Besonderes, wirklich nicht.»

Er schaute sie lange an, insistierte aber nicht, sondern zog ein blaues Blatt aus seinem Stapel. Er schrieb etwas darauf und schob es unter sein Formular.

Wusste sie, was letzte Nacht passiert war? Hatte sie eine Beobachtung gemacht?

«Sie meinen, wie … wer Frieder … umgebracht hat? Nein!»

Wann hatte sie Frieder zum letzten Mal gesehen? Wo? Mit wem zusammen?

Ihr wurde heiß im Gesicht. «Ich bin mir nicht sicher, ich hatte nämlich ein bisschen was getrunken. Aber ich glaube, das war gegen eins im Salon, da waren wir alle zusammen. Ach nee, stimmt nicht, Martin war schon länger weg, und Patricia war auch schon gegangen.»

«Martin und Patricia?»

«Herr Haferkamp und Frau Seidl, Frieders Frau.»

Toppe nahm ein leeres Blatt und notierte die Uhrzeit.

«Gegen ein Uhr also. Und was haben Sie danach gemacht?»

«Was die anderen gemacht haben, weiß ich nicht. Ich bin jedenfalls zu Dagmar ... zu Frau Henkel aufs Zimmer, und wir haben noch ein bisschen gequatscht.»

«Wie lange?»

Sie grub die Zähne in die Unterlippe und machte ein saugendes Geräusch. «Das weiß ich leider nicht genau, wir haben nämlich bei ihr auch noch ...»

«... ein bisschen was getrunken?» In seinen Augenwinkeln tauchten feine Lachfältchen auf. «Die ungefähre Uhrzeit würde mir reichen.»

«Na ja, kann sein, so halb drei rum. Aber vielleicht weiß Rüdiger ... Henkel das noch. Den habe ich nämlich getroffen, als ich auf mein Zimmer wollte.»

Wieder machte sich der Kommissar Notizen, eine weitere Uhrzeit und auf einem Extrazettel ein paar Kürzel, die sie von ihrer Seite aus nicht entziffern konnte.

«Und dann?»

«Na ja, wir haben uns noch unterhalten, in meinem Zimmer und ...»

Seine Mundwinkel zuckten amüsiert.

«Aber ich weiß beim besten Willen nicht mehr, bis wann. Ich war nur noch todmüde und habe nicht mehr auf die Uhr geschaut.»

«Sind Sie dann schlafen gegangen?»

«Ja.»

«Und in der Zeit zwischen ein Uhr und dem Zeitpunkt, an dem Sie schlafen gegangen sind – also auf alle Fälle nach halb drei –, haben Sie Frieder Seidl nicht gesehen?»

«Nein, ganz bestimmt nicht. Ich war ja nur auf unserem

Flur. Mein Zimmer ist schräg gegenüber von Dagmars, und Frieder hat seins ein Stockwerk höher.»

«Haben Sie vielleicht etwas Ungewöhnliches gehört?»

Sie überlegte. «Doch, stimmt, jetzt, wo Sie's sagen. Irgendwann mal hat es auf dem Flur schrecklich gepoltert. Da saß ich noch mit Rüdiger zusammen, aber ich habe keine Ahnung, wann das gewesen sein könnte.»

«Und Sie haben nicht nachgeschaut?»

«Nö, wir waren zu faul. Außerdem war es dann ja auch wieder still.»

Toppe schaute auf seine Uhr und machte einen Vermerk auf einem seiner Zettel. «Danke, Frau Langenberg, das war's schon. Seien Sie so nett und schicken mir bitte den Nächsten rein, ja?»

«Geh du jetzt, Heinrich.»

«Ich?» Walterfang nahm Sibylle wie durch einen Schleier wahr. «Ich kann das nicht.»

Er wischte sich die Nase am Pulloverärmel ab, der merkwürdigerweise ganz nass war.

Bylle stupste ihn in den Rücken. «Nun mach schon. Es ist halb so wild, ehrlich.»

«Wieso ich?» Ihm kam die Galle hoch. «Typisch!»

Aber da stand schon dieser Kommissar in der Tür und sah auf einmal nicht mehr freundlich aus. Er kam auf die Beine und stolperte hinter dem Mann her. Ihm war furchtbar schlecht.

Dann saß er an einem Tisch, dem Mann gegenüber, der einen Stift gezückt hielt. «Ich brauche zunächst einmal Ihren Namen.»

«Walterfang», brachte er heraus und schnappte nach Luft.

Seine Lippen kribbelten. Er zog sich die Ärmelbündchen über die Hände und presste sie gegen die Augen. «Ich kann … ich …» Seine Kehle war völlig verschleimt, und er musste würgen.

«Herr Walterfang? Ihnen geht es nicht gut. Soll ich einen Arzt rufen?» Die Stimme des Mannes war wie warmer Kakao, endlich Trost. «Sie haben einen Schock.»

Er nickte, versuchte zu lächeln und legte den Kopf auf die Tischplatte, die auch nass war. Alles war nass.

Der Kommissar telefonierte, gab die Adresse durch, er hörte alles durch eine schwingende Membran. Das Kribbeln ließ ein wenig nach, aber er hob den Kopf nicht. Er kämpfte nicht mehr gegen die Tränen, sollte ruhig alles nass sein. Jetzt konnte er den Polizisten besser verstehen. Er telefonierte wieder. «Astrid? Seid ihr mit dem Zimmer von Herrn Walterfang schon durch? 117? Warte mal.»

«Herr Walterfang, sind Sie in 117?»

Er nickte, und seine Wange brannte wie Feuer.

Der Mann sprach wieder in sein Handy. «Gut, ja, es geht ihm ziemlich schlecht. Der Arzt ist schon unterwegs. Ich schicke sie dann hoch, damit er sich hinlegen kann. Ach ja, könntest du mir wohl eine Skizze von der Lage der Zimmer machen?» Er lachte kurz auf und hörte sich überhaupt nicht an wie ein Bulle. «Klar, hätte ich mir denken können. Aber kommt jetzt runter, Jupp und du, ja? Ich brauche euch hier, sonst dauern die Erstvernehmungen ewig. Die restlichen Zimmer können die grünen Freunde auch allein machen … Feuchte Kleidung? … Nicht schlecht …»

Fünfzehn Haferkamp spürte, dass Dagmar ihn anschaute. Er hätte sie auch gern angeschaut, in ihrem Blick lesen wollen.

«Alle aus dem Weg hier!» Hedwig Wegner stob in den Salon, die Arme in die Seiten gestemmt – eine Karikatur ihrer selbst, denn ihre Augen sagten etwas anderes. «Egal, was passiert ist, ihr habt Vollpension gebucht. Jetzt gibt es Essen.»

Haferkamp wäre gern im Erdboden versunken. Er mochte Hedwig wirklich sehr, aber das war ihm nun doch zu rustikal. Eben war der Notarzt da gewesen. Anscheinend war Walterfang zusammengebrochen. «Medizinisch habe ich nichts feststellen können», hatte der Arzt zu Toppe gesagt, aber Heinrich war trotzdem nicht wieder aufgetaucht. Auch die Kripoleute ließen sich nicht sehen.

Die Wegner suchte seinen Blick. «Ich weiß, es ist furchtbar», sagte sie leise, «und ich weiß auch, dass ihr alle ziemlich neben euch steht. Aber gerade dann braucht man was Warmes, Kräftiges.» Aus ihrem sonst so adretten Knoten hatten sich einzelne Haarsträhnen gelöst. «Ich habe mir Mühe gegeben – wie immer.»

Der Moment war vorüber, sie klatschte in die Hände, das Signal für die Küchenmädchen, die Servierwagen hereinzurollen. Dann trat sie in den Flur und brüllte: «Und wo stecken die Leute von der Kripo?»

Von irgendwoher tauchte Toppe auf. Er sah leicht irritiert aus, aber davon ließ sich Frau Wegner nicht beirren. «Ich wollte bloß sagen, es gibt jetzt Mittagessen. Ich meine, Ihre ganze Truppe kann ich natürlich nicht versorgen, aber drei mehr werden bei mir immer noch satt.»

Toppe hob abwehrend die Hände, hatte aber keine Chance.

«Ach was! Ich lass es Ihnen auch gern im Blauen Saal servieren. Sie müssen mir bloß sagen, ob Sie lieber Putengeschnetzeltes oder Krustenbraten haben wollen.»

Haferkamp brachte nichts herunter, und das war ihm, so weit er sich erinnern konnte, noch nie passiert. Mord, hatte Toppe gesagt. Aber Mord bedeutete Vorsatz. War einer von ihnen mit dem Plan angereist, Frieder umzubringen? Das konnte einfach nicht sein! Wer nur, und vor allen Dingen, warum? Und wieso ausgerechnet hier auf Gnadenthal?

Nein, kein Mord, es musste im Affekt passiert sein, im Streit. Gestritten worden war ja letzte Nacht genug. Aber wer? Wer von ihnen konnte so gänzlich die Kontrolle verlieren?

Jeder, schoss es ihm durch den Kopf, eigentlich jeder, auch Kai und – auch Dagmar.

Und wo steckte Walterfang? Ob sie ihn festgenommen hatten? Nein, das hätte man ihnen mitgeteilt. Die Idee war sowieso absurd. Heinrich betete Frieder an, die ‹13› war sein Lebenszweck.

«Eben», meldete sich seine innere Stimme, und er erschrak, als seine Gedanken losgaloppierten. Er legte sein Besteck auf dem immer noch vollen Teller ab und bemerkte, dass Möller ihn misstrauisch musterte. «Denkt er etwa, ich hätte es getan? Was sollte ich für einen Grund haben? Soll er sich doch an die eigene Nase packen!»

Das Schweigen wurde langsam unerträglich.

«Also, ich finde die Atmosphäre hier alles andere als prickelnd.» Rüdiger natürlich. «Und ich denke, wir sollten alle gemeinsam …»

Weiter kam er nicht, denn Toppe tauchte in der Tür auf – die Mittagspause war beendet.

Sibylle Langenberg versuchte zu lesen, einen kleinen Liebesroman, aber selbst auf etwas Leichtes konnte sie sich nicht konzentrieren. Ganz in der Nähe stand Martin und trommelte mit den Fingern gegen die Fensterscheibe.

«Haben sie mit dir auch schon gesprochen?»

Sie hatte ihn offenbar aus tiefsten Gedanken gerissen, denn er schaute sie lange an, bevor er antwortete: «Ja, ganz zu Anfang hat Ackermann mich befragt.»

«Dieser Witzbold, der nicht mal anständig Deutsch kann?»

«Der ist ganz in Ordnung, lass mal.»

«Was hat der dich gefragt?»

Er fuhr sich übers Gesicht. «Bitte, Bylle, mir ist nicht nach Reden.»

«Schon gut», sagte sie. Dann ließ sie ihren überlangen Pony ins Gesicht fallen. «Der Toppe, du kennst den doch, ist der eigentlich verheiratet?»

Haferkamp verdrehte die Augen. «Nein, aber er lebt mit Astrid Steendijk zusammen, sie haben auch ein Kind.»

«Schade …»

Er schüttelte nur den Kopf und schaute wieder aus dem Fenster.

165

Dagmar zitterte am ganzen Körper, dabei hatte der Kommissar nun wirklich nichts Beängstigendes an sich. Schließlich setzte sie sich auf ihre Hände. «Sie müssen entschuldigen, aber ich kann es einfach nicht fassen. Ich werde nicht fertig damit. In mir geht alles drunter und drüber.»

«Das ist wirklich nicht verwunderlich», sagte Toppe aufmunternd. «Wollen wir weitermachen?»

«Ja, in Ordnung.»

Er nahm seinen Stift wieder auf. «Sie haben sich also mit Frau Langenberg auf Ihrem Zimmer unterhalten, sagten Sie. Bis um wie viel Uhr?»

«Es war fünf nach halb drei, ich habe auf meinen Wecker geguckt. Ich glaube, ich habe Bylle ziemlich unsanft rausbugsiert, weil mir auf einmal schrecklich schlecht war. Ich hatte zu viel getrunken.»

«Was haben Sie gemacht, nachdem Frau Langenberg gegangen war?»

«Ich bin ins Bad, weil ich mich übergeben musste.» Sie wusste, dass ihr Hals mittlerweile von roten Flecken übersät war. «Dann bin ich schlafen gegangen.»

«Gestern Abend hatten Sie einen Streit.»

Es war eine Feststellung, keine Frage.

«Ich?» Ihr Herz flatterte.

«Sie alle, als sie noch gemeinsam im Salon waren.»

«Ach so, das meinen Sie.» Sie schluckte. «Wir hatten eine Meinungsverschiedenheit, aber das ist bei uns nicht ungewöhnlich.»

«Worum ging es denn?»

«Das Übliche, wer welche Rolle übernimmt, welche Texte gut und weniger gut sind. Da sind wir alle schon mal ein bisschen empfindlich.»

166

Die Frau sah umwerfend aus. Was machte so jemand bei der Kripo? Kai Janicki wunderte sich, wie ruhig er auf einmal war.

«Als sich die große Runde aufgelöst hat, bin ich mit Frieder im Salon geblieben. Wir hatten …» Es fiel ihm schwer, ein Grinsen zu unterdrücken. «…eine etwas heftigere Diskussion. Möller war anfangs auch noch dabei und hat einen auf großen Schlichter gemacht.»

«Worum ging es?»

«Um Professionalität, wenn ich mich richtig erinnere. Es war eine Menge ziemlich betrunkenes Gerede.»

Zwischen ihren Augenbrauen erschien eine kleine Falte. «Was meinen Sie genau mit ‹eine etwas heftigere Diskussion›?»

«Ob wir uns an die Kehle gegangen sind, fragen Sie? Gott bewahre, dafür sind wir viel zu zivilisiert.» Sie nahm seine Ironie durchaus zur Kenntnis. «Wie auch immer, um halb zwei hat mir meine Frau eine SMS geschickt. Da habe ich Frieder stehen lassen und bin auf mein Zimmer gegangen, um zu Hause anzurufen.»

Die Polizistin machte sich eine Notiz. Er ersparte sich ein ‹Das können Sie gern nachprüfen›, er wollte hier einfach nur fertig werden. «Danach bin ich ins Bett gegangen und habe geschlafen wie ein Stein», endete er.

«Sie wollen mir damit sagen, dass Sie in der restlichen Nacht weder etwas gesehen noch etwas gehört haben.»

«Nicht das Geringste, dabei habe ich sonst eher einen leichten Schlaf, aber normalerweise trinke ich auch nicht so viel wie gestern Abend.»

Sie schaute an ihm vorbei, beinahe versonnen.

Ihre Augen waren dunkelbraun, ihre Lippen voll, obwohl sie bestimmt nicht mehr ganz jung war, Ende dreißig vielleicht. Er hätte sie gern unter anderen Umständen kennen gelernt. Dieser Gedanke ernüchterte ihn sofort. Bettina hielt es kaum aus ohne ihn, und er hatte ihr noch nicht gesagt, was passiert war. Er wusste auch nicht, wie.

Jetzt sah die Kommissarin ihn wieder an. «Ihre ‹heftige Diskussion› war aber nicht die einzige Auseinandersetzung gestern Abend, oder?»

Er zuckte die Achseln, aber sie ließ nicht locker. «Sie haben sich gestritten.»

«Genau wie sonst auch», sagte er. «Vielleicht ein bisschen übler, aber schließlich hatten auch alle zu viel intus.»

«Wer hat denn mit wem gestritten?»

«Das weiß ich beim besten Willen nicht mehr. Es ging ziemlich wild durcheinander.»

Ihr Lächeln war zurückgenommen. «Das hört sich nicht gerade nach der großen Harmonie an.»

«Nein», antwortete er. «Die gibt es schon lange nicht mehr, oder vielleicht hat es sie nie gegeben.» Er schnippte mit den Fingern. «Nur eine romantische Vorstellung.»

Hedwig Wegner freute sich, dass es der Mann aus Kranenburg war, der zu ihr in die Küche kam, um sie zu befragen.

«Wissen Sie, dass wir beide schon mal zusammen getanzt haben?»

Ackermann machte große Augen. «Dat kann nich' sein, da würd ich mich dran erinnern.»

Sie gluckste. «Ist schon Jahre her, war auf dem Schützenfest in Nütterden, als mein Mann König war. Da sahen Sie aber noch ein bisschen anders aus.»

«Och.» Der Polizist machte Dackelaugen. «War dat in meine Hippiezeit, lange Matte un' Vollbart?»

«Na, so lange ist das nun auch nicht her!»

Ackermann lachte. «Meine Hippiezeit auch nich', dat können Sie mir glauben – oder die Kollegen fragen.»

Sie musterte ihn. «Schicke Hose …»

«Sie meinen die Farbgebung, da wett ich drauf.» Er grinste sie an. «Ja, Gott, meine Frau is' aus Holland, un' wir haben uns mehr so auf ihren Stil eingestellt. Is' doch viel geiler als ewig Jeans oder olle Manchesterbuxen.»

Er schob die schwere Brille, die ihm auf die Nasenspitze gerutscht war, wieder hoch. «Wollen wir uns hinsetzen? Kann sein, dat ich mir wat aufschreiben muss.»

Frau Wegner fügte sich und hockte sich auf die Stehhilfe neben dem großen Herd.

«Nee, nee», sagte der Kripomann munter, «kommen Sie ma' auf 'n Stuhl hier am Tisch, dann sind wir beide – wie heißt dat so schön? – quasi auf Augenhöhe.»

Er holte ein paar zerknitterte Zettel aus der Hosentasche und legte sie auf den Tisch. «Hab ich dat richtig, dat Sie gestern die Spätschicht hier inne Küche hatten?»

«Ja, das ist richtig.» Sie spürte, wie ihr der Schweiß ausbrach. Er merkte sofort, dass etwas nicht stimmte. «Wat is' denn los?»

«Ach», meinte sie leise. «Ich schäme mich bloß. Ich hab nämlich gestern Abend gelauscht.»

«Dat is' doch prima! Und wat sind Sie gewahr geworden?»

Aber das ging ihr zu schnell. «Sie müssen verstehen, normalerweise mache ich so was nicht, aber die ‹13›, die kenn ich schon über zwanzig Jahre», versuchte sie zu erklären,

169

«die hab ich quasi unter meine Fittiche genommen, die meisten von denen jedenfalls …»

«Wat heißt dat denn jetz'?», fragte er neugierig.

«Ja Gott, mit der Kleinen von Frieder hab ich es nicht so. Die sollen ja jetzt geheiratet haben, aber bloß in diesem Disneyland, das sich Weltmacht schimpft. Ich mochte die Bettina lieber. Das ist die Frau vom Kai und 'ne ganz Nette. Aber die soll ja krank geworden sein.»

«Un' die Frau vom Frieder is' nich' nett?»

«Ein dummes Blag ist die, trägt die Nase ganz hoch. Hoffentlich fällt sie eines Tages drauf!»

Erschrocken schlug sie die Hände vor den Mund. «Das war jetzt nicht so gut, ich meine, nach dem, was passiert ist.»

Aber Ackermann schüttelte beschwichtigend den Kopf. «Wie lang war denn Ihre Spätschicht?»

«Die geht eigentlich bis um neun, aber …», dann flüsterte sie, «ich war noch bis nach eins hier.»

«Wie kann dat denn?»

«Hab ich doch schon gesagt, die ‹13› sind mir ans Herz gewachsen, fast wie meine Kinder. Ich freue mich immer schon das ganze Jahr drauf, wenn die wieder kommen. Aber dieses Mal waren die irgendwie so komisch, ganz anders als sonst, und die Stimmung, die war irgendwie … elektrisch, ich weiß auch nicht …»

Ackermann sah ein bisschen hilflos aus, deshalb sprach sie weiter. «Außerdem haben die auf einmal gesoffen wie die Löcher. Ich meine, die haben sonst auch schon gern mal einen gezischt, aber doch nicht so, als gäb es kein Morgen.»

«Und was ist gestern Abend passiert?»

Sein plötzliches Hochdeutsch irritierte sie, und sie musste sich sammeln. «Ach, die waren alle irgendwie neben sich, schon vor dem Abendessen. Und als meine Küchenmädels gegangen sind, hab ich gedacht: Bleib besser noch hier, da ist was im Busch. Also habe ich angefangen, für heute zu backen, und zwischendurch bin ich immer mal gucken gegangen, was bei denen los ist, oder besser, horchen gegangen. Zu Hause wartet keiner auf mich. Mein Mann ist tot.»

Ackermann nickte und wartete.

«Ja, also schön war die Party nicht. Sie haben sich die Birne zugesoffen, und irgendwann um zwölf rum, als ich gerade die ersten Brote aus dem Ofen geholt habe, wurde es mit einem Mal laut bei denen. Ich meine, die sind öfter laut, aber gestern war das kein Spaß.»

«Un'?» Der Kripomann wurde ungeduldig.

«Nun ja, so genau habe ich nicht alles mitgekriegt. Das hat ewig gedauert. Es ging jedenfalls um Frieder Seidl und irgendwelche Fernsehrechte und eine Sendung, ach ja, und um einen Namen, der geschützt ist oder geschützt werden soll. Kann ich mir auch keinen Reim drauf machen. Ich konnte nicht alles verstehen, weil alle durcheinander gebrüllt haben … Und dann ist Sibylle Langenberg auf die Patricia losgegangen. Ich glaube, die haben sich richtig gekloppt. Und Sibylle hat die ganze Zeit was von einem Klaus geschrien, dabei heißt keiner von denen Klaus.»

Ackermann schrieb wie wild.

«Dann sind die Männer dazwischen gegangen, und es wurde ruhiger. Aber nicht für lange, bloß ein paar Minuten, und auf einmal ist die Dagmar durchgedreht …»

Der Polizist hielt im Schreiben inne. «Dagmar, dat is' jetz' wer?»

«Dagmar Henkel, die Frau von Rüdiger. Ich glaube, die hat dem Frieder eine geschallert. Es gab eine kurze Pause, und dann sagte Patricia – warten Sie, das weiß ich noch genau – die sagte: ‹Mir reicht's. Regel du deinen Mist hier. Das ist nicht mein Problem. Ich fahre nach Hause.› Da habe ich natürlich gemacht, dass ich wegkam, ich wollte mich ja nicht erwischen lassen.»

«Un' wat is' dann passiert?»

«Keine Ahnung. Ich hatte die Nase voll, und ich war auch müde. Ich hab noch die Küche aufgeräumt, und dann hab ich mich auf meine Fiets gesetzt und bin nach Hause gefahren. Ach ja, da war noch was. Martin Haferkamp war bei dem Krach nicht dabei. Der stand oben an seinem Zimmerfenster und hat geraucht, als ich fuhr. Bin froh, dass er mich nicht gesehen hat.»

«Aber die anderen waren all' dabei? Bei dem Krach im Salon, mein ich.»

«Ich schätze schon, aber beschwören kann ich das nicht.»

Haferkamp beobachtete, wie die Uniformierten nacheinander aus dem Park kamen und sich am Teich sammelten. Anscheinend hatten sie die Tatwaffe nicht gefunden, aber inzwischen war es wahrscheinlich für eine weitere Suche zu dunkel geworden.

Er sah Toppe und Steendijk an der Rezeption stehen, fasste sich ein Herz und ging zu ihnen. «Das sieht nach Feierabend aus», sagte er und probierte ein Lächeln.

Die Steendijk seufzte. «Schön wär's.»

«Gibt es etwas Neues?»

«Nichts von Bedeutung», antwortete Toppe, «zumindest

nicht auf den ersten Blick. Einen Moment bitte», entschuldigte er sich und ging in den Saal, wo die anderen immer noch warteten. «Wir haben von den meisten von Ihnen ein paar Kleidungsstücke zur labortechnischen Untersuchung mitgenommen. Sie bekommen sie morgen wieder zurück.»

Haferkamp zuckte zusammen. Hatten sie etwa Blutspuren gefunden? Was bedeutete ‹von den meisten von Ihnen›? Waren es mehrere gewesen? Ein Femegericht? Blödsinn! Die anderen waren genauso verwirrt wie er.

Ackermann kam aus der Küche. «Chef, ich hätt da wat Wichtiges», rief er.

Toppe wiegelte ab. «Wir müssen uns sowieso noch im Präsidium zusammensetzen. Hat das Zeit bis dahin?»

«Glaub wohl», antwortete Ackermann finster.

Ein Polizeiwagen kam angerollt und hielt direkt vor dem Eingang.

«Fein», meinte Astrid, «da sind die Kollegen. Dann können wir uns jetzt auf den Weg machen.» Sie streckte Haferkamp die Hand hin. «Wir sehen uns morgen früh. Heute Nacht werden die beiden Beamten hier im Schloss bleiben, zu Ihrem Schutz.»

«Schutz, ha!», murmelte Ackermann böse und stampfte hinaus.

Sechzehn Dunkelheit hatte sich über den Park gelegt, und ein heftiger Wind war aufgekommen, endlich doch Oktoberwetter.

Sibylle hatte die schweren Vorhänge vor den Fenstern zum Park fest zugezogen. Sie lungerten im Salon herum, warteten auf das Abendbrot. Auch Walterfang war wieder aufgetaucht. Der Arzt hatte ihm ein Beruhigungsmittel gegeben, und er hatte den Nachmittag verschlafen. Seine Aussprache war immer noch ein wenig verwaschen. «Was wollten die Bullen eigentlich wissen?»

Maria achtete nicht auf ihn. «Habt ihr was von gestern Abend erzählt?»

Rüdiger sah sie scharf an. «Ich halte es nicht für ratsam, darüber zu reden. Schon gar nicht, wo sich die beiden von der Trachtengruppe hier herumdrücken. Nachher denken sie noch, wir treffen irgendwelche Absprachen.»

«Meinst du, die belauschen uns?», flüsterte Maria.

«Unsinn!» Möller schlug mit der flachen Hand auf den Tisch. «Wir sollten uns lieber darüber unterhalten, wie es mit der ‹13› weitergehen soll.»

«Bist du noch ganz gescheit?», zischte Sibylle. «Wie kannst du jetzt nur darüber nachdenken!»

Möller bleckte die Zähne. «Rüdiger und ich haben schon letzte Nacht darüber gesprochen.»

«Da lebte Frieder ja auch noch», jaulte sie.

174

«Könntest du deine Hysterie ausnahmsweise stecken lassen? Irgendetwas muss schließlich passieren. Wir haben eine Tournee vor uns, schon vergessen? Immerhin achtzehn Auftritte.»

Bylle setzte ihr Trotzgesicht auf. «Also mich kriegen keine zehn Pferde auf die Bühne.»

Dagmar strich sich mit beiden Händen durchs Haar. «Ich finde das jetzt auch etwas pietätlos, wenn ich ehrlich bin», sagte sie leise.

«Meine Güte», fuhr Rüdiger sie an, «stellt euch doch mal den Tatsachen! Wir haben Verträge zu erfüllen, nicht nur mit den Veranstaltern, auch mit dem WDR.»

«Die hat alle Frieder gemacht», warf Sibylle ein. «Nicht einmal ich habe sie zu sehen gekriegt.»

«Eben», sagte Möller. «Die Frage ist, in wessen Namen hat er die gemacht. In unserem? Nach gestern Abend bin ich mir nicht mehr so sicher.»

«Genau», pflichtete Rüdiger ihm bei. «Ich meine, wir hätten vor Jahren mal darüber gesprochen, eine GbR zu gründen, aber ich glaube, wir haben es dann doch nicht getan, oder? Was ist, wenn Frieder schon lange seine eigene Gesellschaft hatte? Mann, Mann, Mann, wie konnten wir all die Jahre so blauäugig sein? Nicht einmal die Abrechnungen haben wir kontrolliert.»

«Vielleicht weiß Patricia darüber Bescheid», überlegte Sibylle.

«Da kannst du Gift drauf nehmen», murmelte Haferkamp.

Dagmar hielt es nicht länger auf ihrem Sessel. «Ihr wollt also allen Ernstes einfach mit den Proben weitermachen und die ‹Verträge erfüllen›, als wäre nichts passiert? Ihr müsst verrückt sein!»

«Nein, natürlich nicht.»

«Auf keinen Fall!»

Haferkamp und Janicki versuchten, sie zu beruhigen, und sie nahm es dankbar zur Kenntnis. «Ich stelle mich auf keine Bühne, das ist sicher. Das kann auch kein Mensch von uns verlangen.»

Da stieß Walterfang plötzlich einen hohlen Schrei aus, und alle schauten ihn verdutzt an.

«Was für eine gigantische Verarschung!», brüllte er. «Was für ein Egomane! Was für eine Sau! Der ist schon immer über Leichen gegangen, du hattest ganz Recht, Dagmar, du weißt gar nicht, wie Recht du damit hattest.»

Er wurde langsam wieder leiser und fiel in seinen gewohnten nöligen Tonfall. «So langsam geht mir erst auf, wie lange er schon unfreundlich zu mir war. Aber soll mich das etwa wundern? Ihr seid doch auch alle gegen mich. Ich muss gar nicht lange überlegen. Zum Beispiel du, Maria, du hast mich doch eben gar nicht wahrgenommen.»

«O nein, bitte», stöhnte Janicki gequält, «nicht wieder diese Leier.»

«Du hast leicht reden», fauchte Walterfang zurück. «Dich wollte er ja auch mitnehmen, aber mich hat er weggeworfen wie einen dreckigen Lappen.»

Sie wussten, dass es besser war, jetzt nichts zu sagen, sonst konnte das Ganze noch Stunden dauern.

Da krachte etwas gegen die Fensterscheibe, sie zuckten zusammen und starrten einander an.

Schließlich ging Haferkamp zum Fenster und schob den Vorhang beiseite.

«Der Wind», sagte er, «es war nur ein Ast.»

Sibylle hatte ihre Knie bis unters Kinn gezogen und die

Arme um ihre Unterschenkel gelegt. «Ich habe furchtbare Angst, das kann euch auch nicht anders gehen. Es ist unheimlich. Sollen wir nicht alle zusammen hier im Salon schlafen? Wir könnten einfach die Matratzen und das Bettzeug runterholen.»

Kai Janicki lachte freudlos. «An deiner Stelle würde ich mir das gründlich überlegen, Bylle. Es könnte nämlich sein, dass du die Nacht zusammen mit einem Mörder verbringst.»

Sie wurde blass. «Hör auf, du weißt genau, dass es keiner von uns gewesen sein kann.»

«Bist du dir sicher? Wenn ja, frage ich mich, warum du Angst hast. Oder glaubst du etwa, dass draußen ein Wahnsinniger herumschleicht, der es darauf abgesehen hat, die ganze ‹13› zu meucheln?»

«Du bist unmöglich, Kai», sagte Dagmar müde.

Dann lauschte sie. «Da kommt ein Auto.»

«Ach, du Scheiße, daran habe ich überhaupt nicht mehr gedacht.» Haferkamp rieb sich die Schläfen. «Das müssen Johanna, Hartmut und Beate sein.»

«Und sie wissen noch von nichts», vollendete Janicki den Gedanken.

Sibylle war schon hinausgelaufen.

Es war ein tristes Abendessen.

Den drei Neuankömmlingen wurde nur allmählich klar, was man ihnen eben eröffnet hatte. Sie saßen hilflos da und bekamen keinen Bissen herunter.

«Ihr seid wahrhaftig fein raus, dass ihr nicht hier wart», meinte Maria bitter, «sonst stündet ihr jetzt auch unter Mordverdacht.»

«Was?» Johanna schlug die Hand vor den Mund. «Glaubt die Polizei etwa …»

«Das kann doch nicht deren Ernst sein!» Hartmut Stollner schüttelte heftig den Kopf.

Beate sagte nichts, starrte Maria nur ungläubig an und schien sich in sich zu verkriechen.

«Tja, wir sind in einer dummen Lage», erklärte Kai. «Außer uns war kein Mensch im Haus.»

«Das kann schon sein», entgegnete Hartmut, ganz offensichtlich um Sachlichkeit bemüht, «aber in den Park kommt doch jeder ungesehen hinein.»

«Der große Unbekannte, der schwarze Mann?» Janickis Stimme war kalt. «Glaubst du tatsächlich, Frieder hätte sich mit jemandem verabredet – nachts um vier im Park, bei strömendem Regen? Ach, komm!»

«Muss er doch gar nicht. Vielleicht hat er nur etwas beobachtet, das er nicht sehen sollte», beharrte Stollner. «Wer weiß, welches Gesindel sich da nachts herumtreibt.»

Haferkamp hörte nur mit halbem Ohr zu. Er beobachtete Johanna. Der Schock, der ihr Gesicht noch vor einer halben Stunde in eine weiße Maske verwandelt hatte, hatte nachgelassen. Sie sah jetzt nur noch sehr, sehr traurig aus.

«Ha, Kai», mischte sich Maria wieder in das Gespräch, «erzähl ihnen, welche Bombe Frieder letzte Nacht hat platzen lassen, erzähl ihnen, was dieser …»

«Tu's doch selbst», sagte Kai und schob sich ein Tomatenachtel in den Mund.

Aber dazu kam es nicht, denn Kommissar Toppe betrat das Zimmer.

«Man hat mich benachrichtigt, dass die letzten Mitglieder des Ensembles angekommen sind», sagte er und schaute sich die neuen Gesichter an. «Ich möchte mich mit Ihnen unterhalten. Aber essen Sie in Ruhe zu Ende, ich warte im Blauen Saal auf Sie.»

Der ist stinksauer, dachte Haferkamp, und zwar stinksauer auf uns.

«Ich kann sowieso nichts essen.» Johanna war gleich aufgestanden, und Beate und Hartmut folgten.

Der Polizist holte zwei weitere Stühle an den Tisch unterm Fenster und nahm ihre Personalien auf. Jetzt schaute er freundlich, und seine Stimme war warm.

«Ich mache das Bühnenbild», erklärte Johanna.

«Und ich bin für die Maske und die Kostüme zuständig», ergänzte Beate.

«Dann müssen Sie der Musiker sein», schloss Toppe, machte sich eine Notiz und blickte wieder auf. «Ich möchte mir gern ein möglichst umfassendes Bild von Ihrer ‹13› machen, Struktur, Konstellationen, Aufgaben, wie alles angefangen hat, wie Ihre Beziehungen außerhalb der Gruppe sind.» Er schmunzelte. «Erzählen Sie ganz unsortiert, was Ihnen dazu einfällt. Ich picke mir schon raus, was für mich interessant ist.»

Es war Johanna, die das Wort übernahm. Sie war mit Autoritäten schon immer am unbefangensten von ihnen allen umgegangen.

Sie erzählte von ihrer Anfangszeit an der Uni, von den gemeinsamen Urlaubsreisen, vom allmählich immer größeren Erfolg.

Toppe stellte interessierte Zwischenfragen, ein Nicken, ein Lächeln an der richtigen Stelle machten das Gespräch zu einer unverkrampften Plauderei.

«Er war ein Ladykiller», sagte Johanna, als sie endlich bei Frieder angelangt waren, «und in der Anfangszeit waren die Mädels, glaube ich, alle mehr oder weniger in ihn verknallt.»

Beate wurde blutrot und bückte sich schnell, um ein Taschentuch aus ihrer Handtasche zu nehmen.

«Aber das hat sich rasch gelegt. Wenn man hart miteinander arbeitet, nutzt sich die Romantik schnell ab. Und das mussten wir nach dem Studium eigentlich immer, wenn wir zusammen waren – hart arbeiten, meine ich –, weil wir ja nur diese wenigen Wochen im Jahr hatten, um ein ziemlich großes Programm auf die Beine zu stellen.»

Hatte es Animositäten gegeben, größere Zerwürfnisse? Dreißig Jahre waren schließlich eine lange Zeit.

«Das sind irgendwie die falschen Vokabeln …» Johanna sah nachdenklich an Toppe vorbei. «Es gab natürlich die üblichen Eifersüchteleien unter den Autoren bei der Frage, wessen Text ins Programm genommen werden sollte.»

«Ja», bestätigte Beate lächelnd, «und jedes Jahr den gleichen Ärger unter den Schauspielern, wenn Frieder wieder einmal seine Partner an die Wand spielte. Er ist nämlich verdammt gut, und manchmal vergisst er, dass außer ihm noch andere auf der Bühne stehen.»

«Gab es jemals körperliche Übergriffe?»

Toppe schien zu bemerken, dass so etwas völlig undenkbar schien, denn er schlug rasch eine andere Richtung ein.

«Ich würde gern etwas über Frieder Seidl außerhalb des Kabaretts erfahren, über sein berufliches und privates Leben.»

Diesmal war es Hartmut Stollner, der antwortete. «Er hat Wirtschaftswissenschaften studiert, aber während des Stu-

180

diums hat er bereits ab und an in Werbeagenturen gejobbt. Soweit ich weiß, hatte er sogar eine Zeit lang eine eigene kleine Agentur. Jedenfalls ist er direkt nach dem Examen bei einer Düsseldorfer Werbeagentur eingestiegen und dort stetig die Leiter hinaufgeklettert. Vor sieben, acht Jahren hat sich sein Seniorpartner zur Ruhe gesetzt, und Frieder hat den Laden ganz übernommen. Er muss wohl ganz gut verdient haben, denn soweit ich weiß, kam er nicht aus einem begüterten Elternhaus.» Er sah die beiden anderen an.

Johanna zog die Schultern hoch. «Frag mich nicht. Was das angeht, war Frieder immer sehr zugeknöpft.»

«Stimmt», bestätigte Beate. «Ich habe mir vorgestellt, dass Frieder aus ganz einfachen Verhältnissen kommen muss und sich dafür geschämt hat. Jedenfalls hat er das ganze Studium hindurch den vollen BaföG-Satz gekriegt, das weiß ich genau.»

Toppe fragte noch einmal nach Seidls Privatleben.

«Wie Johanna schon sagt, ein echter Frauentyp», sagte Stollner. «Er wechselt die Freundinnen … na ja, für meine Begriffe, zu häufig … aber Gott, ich bin nicht das Maß aller Dinge.»

«Dann kennt er seine jetzige Frau wohl noch nicht lange. Was können Sie mir über sie erzählen?»

«Patricia? Pff, wie lange werden die zusammen sein? Nicht viel länger als ein Jahr, würde ich sagen. Vorher lag sie ja fast noch in den Windeln. Sie ist fast fünfundzwanzig Jahre jünger als er. Aber sie ist nicht seine Frau.»

«Doch, doch», meinte Toppe. «Sie haben vor ein paar Wochen geheiratet, und sie erwartet ein Kind.»

Man hätte eine Stecknadel fallen hören können, dann

gab Beate so etwas wie ein Prusten von sich. «Ist das zu fassen? Über andere hat er sich jahrelang lustig gemacht, von wegen Muttertier und Familienochse.»

Toppe wechselte das Thema, und damit änderte sich auch sein Ton. Johanna setzte sich unwillkürlich aufrechter hin.

«Gestern spät am Abend hat es in der Gruppe einen heftigen Streit gegeben. Was wissen Sie darüber? Kennen Sie den Anlass?»

«Nein», antwortete Johanna langsam, «wir sind doch gerade erst angekommen.»

«Hat nicht Maria eben etwas davon gesagt, dass Frieder gestern Abend eine Bombe hat platzen lassen?», fiel es Beate wieder ein.

«Ja, aber sie hat nicht gesagt, welche.»

«Bei dem Streit ist es anscheinend um eine Fernsehsendung gegangen», fuhr Toppe fort, «und um Fernsehrechte. Können Sie sich darauf einen Reim machen?»

«Da kann es nur um den WDR gegangen sein», sagte Stollner. «Der Sender will zu unserem Jubiläum ein Feature über uns zusammenstellen und die Premiere live mitschneiden. Von anderen Fernsehsachen weiß ich jedenfalls nichts.»

Toppe sah nicht sonderlich zufrieden aus.

«Dann ging es in dem Streit noch um einen Namen, der geschützt werden sollte.»

Die drei schauten sich ratlos an und schwiegen.

«Frau Langenberg war allem Anschein nach sehr erregt», machte Toppe weiter, aber er klang nicht sehr hoffnungsfroh. «Sie hat mehrfach den Namen ‹Klaus› erwähnt.»

«Ach Gott!», rief Johanna bestürzt.

«Klaus Schröder», erklärte Stollner schnell, «Sibylles Verlobter. Er ist 1981 bei einem Autounfall ums Leben gekommen.»

Johanna war klar, dass der Kommissar wissen wollte, warum sie so heftig reagiert hatte.

«Ich glaube, wir haben alle den Eindruck, dass Sibylle seinen Tod nie richtig verwunden hat.»

«Gehörte Klaus Schröder auch zur ‹Wilden 13›?»

«Ja», sagte Johanna, «wir waren mitten in den Proben, als der Unfall passierte, und wir mussten irgendwie weitermachen.» Sie hielt unvermittelt inne, und jeder im Raum wusste, was ihr gerade durch den Kopf gegangen war.

«Bettina Janicki ist für Klaus eingesprungen. Es war eine furchtbare Zeit. Wir sind herumgelaufen wie Zombies.»

Siebzehn
Haferkamp erwachte mit einem Ruck, sein Herz raste.

Schon nach acht! Er hatte vergessen, den Wecker zu stellen. Benommen rappelte er sich auf, suchte sein Waschzeug und frische Kleidung zusammen und trat in den Flur.

Einige Zimmertüren standen offen, die Duschen nebenan und gegenüber liefen. Er ging den Gang hinunter an Walterfangs Zimmer vorbei, aus dem es nach Tigerkäfig stank. Auch die beiden Duschen am anderen Ende waren besetzt.

Ein Geräusch ließ ihn herumfahren. Dagmar lehnte an ihrem Türpfosten, ein feuchtes Handtuch über der Schulter. Er begegnete ihrem brennenden Blick und schluckte. Dass es sich in diesem Chaos dennoch so richtig angefühlt hatte, erschreckte ihn bis in die Knochen. Mit zügigen Schritten kehrte er in sein Zimmer zurück und schloss die Tür.

Hartmut, Beate und Johanna waren gestern Abend, nachdem sie sich lange mit Toppe unterhalten hatten, wieder gefahren. «Die Polizei braucht uns nicht mehr», hatte Johanna gesagt, «wir bringen alles nur noch mehr durcheinander. Außerdem muss sich jemand um Patricia kümmern. Ich fahre zu ihr und sehe, ob sie Hilfe braucht. Schließlich muss sie eine Beerdigung organisieren. Und sie ist so jung ...»

Sie hatten alle betreten ausgesehen und kein Wort herausgebracht. Haferkamp hatte Johanna fest in die Arme genommen und zum ersten Mal seit sehr langer Zeit mit den Tränen gekämpft.

Als er endlich in den Salon herunterkam, hatten die anderen ihr Frühstück schon beendet. Anscheinend hatte niemand gut geschlafen. Sie sahen müde aus und zerknautscht, selbst Kai war weiß wie die Wand. Er stand am Fenster und blickte hinaus in den trüben Morgen. «Taucher», sagte er, als Haferkamp sich neben ihn stellte.

Am Teich liefen mehrere Polizisten und Leute vom Technischen Hilfswerk herum, zwei Männer in Trockentauchanzügen standen am Ufer.

«Die werden die Tatwaffe suchen», sagte Haferkamp.

«In dieser Brühe kann man nicht einmal die eigene Hand vor Augen erkennen. Komm mit, wir schauen uns das an.»

Haferkamp zögerte, folgte ihm dann aber doch.

«Wenn die Polizei uns um Hilfe bittet, gehen wir sogar bei Nullsicht runter», erklärte einer der beiden Taucher bereitwillig.

«Ist das nicht zu gefährlich?», wollte Haferkamp wissen. «Ich meine, in diesem Tümpel natürlich nicht, aber wie ist das bei größeren Gewässern?»

«Wir sind immer angeleint», antwortete der Mann, «und wir stehen die ganze Zeit in Funkkontakt mit dem Leinenführer.» Er zeigte auf einen schon etwas älteren Mann mit Schirmmütze, der gerade verkabelt wurde.

«Und dann tasten Sie blind im Schlamm herum?», fragte Janicki ungläubig.

Der Taucher lachte. «Im Prinzip schon, immer eine Hand

an der Leine, und mit der anderen tasten wir den Grund ab, Planquadrat für Planquadrat.»

«Zu zweit?»

«Nein, nein, aber bei uns hält sich immer ein zweiter Mann bereit, für den Fall, dass der erste in Schwierigkeiten gerät.» Er wurde abgelenkt. «Ich glaube, da will jemand etwas von Ihnen.»

Sibylle stand auf der Terrasse und wedelte mit beiden Armen. Sie eilten um den Teich herum über den holperigen Rasen.

«Die Polizei ist wieder da», flüsterte sie aufgeregt.

Die Haustür klappte, und man hörte Ackermann rufen: «Halt die doch ma' ebkes los, dat ich den ganzen Krempel reinschleppen kann!»

Auch Toppe und Steendijk waren schwer bepackt, Laptops, Bandgeräte, ein Drucker.

Toppe sah wesentlich förmlicher aus als gestern – graues Jackett über schwarzem Rollkragenpullover –, und seine Miene verhieß nichts Gutes. «Ich sage Ihnen gleich, dass es reine Freundlichkeit von mir ist, dass ich Sie hier vernehme und nicht einzeln vorlade.»

«Haben wir etwas falsch gemacht?», fragte Maria schnippisch.

Toppes Augen wurden schmal. «Sie haben nicht die Wahrheit gesagt, und das, glauben Sie mir, war ein großer Fehler. In diesem Fall werde ich völlig humorlos. Frau Henkel, kommen Sie bitte kurz mit hinaus!»

Dagmar schlich hinter ihm her.

«Laut Belegungsplan sind Sie und ihr Mann in Zimmer 116, aber nach den Vernehmungen gestern habe ich den Eindruck, dass Sie in getrennten Zimmern sind.»

186

«Nicht von Anfang an», druckste Dagmar. «Wir haben uns gestritten, und da ist Rüdiger ausgezogen.»

«Wann war das?»

«Vor zwei Tagen.»

«Und in welchem Zimmer ist Ihr Mann jetzt?»

«Keine Ahnung.»

Toppe schüttelte den Kopf und ging wieder in den Salon. «Jupp», forderte er Ackermann auf, «ein Zimmer haben wir gestern leider nicht durchsucht, weil man uns verschwiegen hat, dass es von Herrn Henkel bewohnt wird. Kümmerst du dich darum?»

«Klaro.» Er streckte Rüdiger die flache Hand entgegen. «Den Schlüssel, bitte!»

Dann machte er sich auf den Weg. «Na denn man tau», meinte er fröhlich. «Wie schnell is' nix getan, sag ich immer.»

Toppe zeigte wenig Geduld. «Sie haben den Streit, den Sie am Montagabend hatten, bewusst heruntergespielt, Frau Henkel. Warum?»

Dagmar senkte den Blick. «Es war mir peinlich, und es hatte nichts mit Frieders Tod zu tun.»

«Das würde ich gern selbst entscheiden. Also, schildern Sie mir bitte den Verlauf des Abends, und ich rate Ihnen dringend, bei der Wahrheit zu bleiben.»

«Gut.» Sie faltete die unruhigen Hände. «Ausgelöst worden ist der Krach eigentlich durch Patricia. Sie deutete an, dass Frieder uns allen etwas verschweigt, aber Frieder hat dazu nichts gesagt, also hat sie es uns erzählt. Dass Frieder bei der ‹13› aussteigt, weil er demnächst eine eigene Comedyshow bei SAT 1 hat, und die entsprechenden Verträge seien alle schon unterschrieben …»

«Und?» Toppe regelte die Lautstärke am Aufnahmegerät nach.

«Na ja, wir waren verständlicherweise ziemlich geplättet, aber richtig schlimm wurde es erst, als herauskam, dass er uns den Namen gestohlen hat. Seine Show heißt ‹Die Wilde 13›.»

«Ist der Name denn nicht geschützt?», fragte Toppe ungläubig.

Sie lachte bitter auf. «Jetzt ja, Frieder hat ihn schützen lassen. Wir hatten das leider all die Jahre versäumt, wie so vieles andere auch.»

«Und damit ist Ihre Truppe quasi gestorben», schloss Toppe.

«Richtig», antwortete sie, und ihre Augen funkelten. «Wenn Patricia sich nicht verplappert hätte … Frieder wollte nämlich das WDR-Feature und die Jubiläumstour noch mitnehmen, bevor er uns vor vollendete Tatsachen gestellt hätte. Wäre ja auch eine Superpublicity für seine Sendung gewesen.»

«Weiter!»

«Was weiter?», regte sie sich auf. «Wir sind natürlich ausgerastet. Sibylle ist auf Patricia los, und ich habe Frieder ein paar gescheuert. Dann musste ich heulen und bin auf mein Zimmer.»

«Wo Sie dann kurze Zeit später Frau Langenberg aufgesucht hat.»

«Ganz genau.»

«Bleiben Sie bei Ihrer Aussage, was den Rest Ihrer Nacht angeht?»

«Ja, natürlich.» Die Hitzewallung kam wie immer völlig aus dem Nichts, Schweißbäche liefen ihr aus den Haaren

188

ins Gesicht. Sie wischte sie mit dem Pulloverärmel weg und lächelte entschuldigend.

Toppe lächelte nicht. «Darüber reden wir noch einmal.»

Kai Janicki wusste, dass er die hübsche Kommissarin auf die Palme brachte, so wie er seit gestern alle auf die Palme brachte. Aber er schaffte es einfach nicht, seinen Zynismus abzustellen. Es war die einzige Möglichkeit, diesen Irrsinn durchzustehen.

«Doch, doch, Frau Steendijk, Frieder hat seine Gründe sehr schön dargelegt. Die ‹Wilde 13› sei doch nur zweite Liga, und er habe keine Lust mehr, den ganzen unprofessionellen Rest der Truppe mit durchzuschleppen.» Er lachte. «Aber ein paar Brosamen hatte er auch zu verteilen: Einige von uns wollte er nämlich mit zum Fernsehen nehmen. Angeblich hatte er schon großartige Verträge ausgehandelt für diejenigen, die — ich zitiere wörtlich — ‹was auf der Pfanne haben›.»

«Wen wollte er mitnehmen?»

«Sein holdes Weib, selbstverständlich, Hartmut für die Musik und Dagmar und mich als Autoren.»

«Und alle anderen wären auf der Strecke geblieben», stellte sie fest.

«Richtig.»

«Und das haben Sie für so unwichtig gehalten, dass Sie mir gestern nichts davon erzählt haben?»

Wieder lachte Janicki. «Was geht in Ihrem schönen Kopf vor? Gekränkte Eitelkeit als Tatmotiv? Dann bin ich ja fein raus.»

«So, ma' ebkes gucken … doch, dat Band läuft noch.»

Haferkamp entspannte sich.

«Sie waren der Einzigste, der sich so früh vom Acker gemacht un' von dem ganzen Zoff nix mitgekriegt hat. Wie kam dat eigentlich?»

«Ich hatte schlicht und ergreifend die Nase voll. Seit wir angekommen sind, hat es nur Stress gegeben, wessen Sketche genommen werden, wie viel Klamauk man ertragen kann. Irgendeiner war immer beleidigt. Am Montagabend war die Stimmung sowieso schon miserabel, und als Patricia anfing, dramatisch zu werden, hat es mir gereicht. Ich wollte nichts mehr hören.»

«Wat man verstehen kann.» Ackermann nickte. «Un' wat haben Sie dann gemacht?»

«Ich habe mich in meinem Zimmer aufs Bett gelegt und muss eingedöst sein. Um halb zwei bin ich wieder aufgewacht und hatte Durst, also bin ich runtergegangen. Ich wollte mir ein Bier holen.»

Ackermann beugte sich vor. «Haben Sie da jemand gesehen?»

«Ja, Patricia kam gerade die Treppe vom zweiten Stock herunter, in jeder Hand einen schweren Koffer. Die habe ich ihr abgenommen und zu ihrem Auto getragen.»

«Un' da hat die Ihnen dann brühwarm von dem Zoff erzählt», stellte Ackermann fest.

Haferkamp stieß verächtlich die Luft aus. «Sie hat mich kaum eines Blickes gewürdigt.»

«Dat muss mir ja 'ne Pute sein … aber egal! Wie Sie wieder in 't Haus gekommen sind, war da noch wer unten?»

«Ja, im Salon hockte Walterfang wie ein Häufchen Elend

und ließ sich von Maria trösten. Draußen auf der Terrasse saßen Rüdiger und Möller und lamentierten. Sie haben mir erzählt, was Frieder ihnen eröffnet hatte.»

«Auffe Terrasse, im Oktober, mitten inne Nacht! War dat nich' 'n bisken kalt?»

Haferkamp musste grinsen. «Ich glaube nicht, dass sie viel gemerkt haben, so betrunken, wie sie waren.»

«Waren die sauer?»

«Ja, sicher, die hatten eine Stinkwut.»

«Un' Sie?»

«Ich?» Haferkamp überlegte. «Nein», sagte er langsam, «ich war nicht einmal sonderlich überrascht. Schließlich kenne ich Frieder seit über dreißig Jahren.»

Ackermann blinzelte dramatisch. «Soll dat heißen, der war so einer, der nich' nach rechts un' links guckt un' quasi über Leichen geht?»

«Ein bisschen hart formuliert, würde ich sagen», Haferkamp zögerte, «aber doch, im Grunde stimmt das. Aber wie gesagt, mich persönlich hat Frieders Alleingang nicht sehr getroffen. Ich hatte schon vorher beschlossen, nach der Tour auszusteigen.»

«Echt? Wusste dat einer?»

«Nein.»

«Okay, Sie haben also den Walterfang gesehen, die Maria un' die beiden Männer. Sonst noch wen?»

«Nein.»

«Auch den Frieder nich'?»

«Nein.»

«Un' wie weiter?»

«Ich bin ins Bett gegangen.»

«Dat war wann ungefähr?»

Haferkamp kratzte sich am Hinterkopf. «Ich würde sagen, so gegen zwei.»

«Un' danach nix mehr?»

«Doch», sagte Haferkamp. «Ich bin nochmal wach geworden, weil irgendwas gepoltert hat. Es hörte sich an, als wäre jemand die Treppe heruntergefallen.» Er kam Ackermanns Frage zuvor. «Das war um Punkt drei. Ich habe auf die Uhr gesehen.»

«Et wär nich' schlecht, wenn Sie 'n itzken lauter sprechen, sons' muss ich dauernd am Regler rumfummeln.»

Möller kniff die Lippen zusammen.

«Also, ma gucken, ob ich dat richtig hab: Sie haben mit dem Rüdiger auf de Terrasse gesessen, un' um Viertel nach zwei is' die Mutti gekommen un' hat Ihnen den Wurm gesegnet, un' da sind Sie auch nach Bett hin.»

Gott, war dieser Mensch primitiv, das war ja unerträglich!

«Frau Möller, würden Sie mir bitte erklären, warum Sie mir gestern nichts davon erzählt haben, dass es sogar zu Handgreiflichkeiten gekommen ist?»

«Weil Sie das nichts angeht!» Maria freute sich, dass der Kommissar rot anlief.

«Wie sehr Sie sich irren», sagte Toppe leise. «Jetzt noch einmal von vorn, und zwar mit genauen Zeitangaben!»

«Das haben Sie richtig verstanden», antwortete Möller. «Meine Frau kam heraus und meinte, es würde langsam Zeit, ins Bett zu gehen.»

«Ja, ja, man muss wissen, wann man zu spuren hat, sons'

hängt nachher tagelang der Haussegen schief, wa?» Ackermann kicherte. «Un' wat hat Rüdiger gemacht?»

«Herr Henkel ist mit mir zusammen hoch und ist auf die Toilette gegangen. Und das ist das Letzte, was ich von ihm gesehen habe.»

«War sons' noch wer auf?»

«Ich habe nur Walterfang gesehen, der lag im Salon auf dem Sofa und schlief.»

«Un' wo is' Frieder hingegangen, als Sie fertig gezofft hatten?»

«Ich habe nicht die leiseste Ahnung.»

«Ist ja schon gut», knurrte Maria. «Um Viertel nach eins hat sich die Runde aufgelöst, nur Kai, Frieder und mein lieber Gatte haben noch diskutiert. Das hat mich aber nicht weiter interessiert, weil der Heinrich völlig zusammengeklappt ist und sich schließlich jemand um ihn kümmern musste. Sibylle und Dagmar waren ja schon hochgegangen. Irgendwann ist Heinrich eingeschlafen. Ja doch!», fauchte sie, als sie merkte, wie Toppe zu einer Frage ansetzte. «Das war um Viertel nach zwei.»

«Weiter!»

«Ich bin auf die Terrasse, um meinen Mann zu holen. Der saß da mit Rüdiger und qualmte. Ich war stinksauer, denn ich leide sehr stark unter PMS und kann dann diesen Rauchgeruch überhaupt nicht vertragen.»

Sie musste sich sehr zusammenreißen, denn der Kerl besaß doch tatsächlich die Dreistigkeit zu grinsen.

«Ich bin dann jedenfalls ins Bett gegangen, und fünf Minuten später kam auch mein Mann. Ich hab ihn noch Zähne putzen geschickt. Dann haben wir geschlafen.»

Die Kommissarin sah ein wenig erschöpft aus.

«Frau Langenberg konnte sich nicht mehr erinnern, wie lange Sie beide sich in ihrem Zimmer unterhalten haben.»

«Lange», sagte Rüdiger, «es war schon Viertel vor vier, als ich gegangen bin.»

Das schien sie zu interessieren, denn jetzt wirkte sie auf einmal hellwach. «Was haben Sie dann gemacht?»

Rüdiger zuckte die Achseln. «Ich bin schlafen gegangen.»

«Haben Sie jemanden gesehen?»

«Keine Menschenseele.»

«Ihr neues Zimmer ist im zweiten Stock neben dem von Herrn Seidl. Wissen Sie, ob der zu dem Zeitpunkt in seinem Zimmer war?»

Rüdiger Henkel schüttelte bedauernd den Kopf. «Nein, das weiß ich nicht, seine Zimmertür war jedenfalls geschlossen.»

Sie schaltete das Bandgerät ab. «Das wär's erst einmal. Würden Sie mir bitte Herrn Walterfang hereinschicken?»

Aus dem Augenwinkel sah er noch, wie sie sich ausgesprochen attraktiv räkelte.

Heinrich Walterfang musste dringend aufs Klo, aber er wollte nicht fragen. Die Polizistin hatte sowieso schon so herablassend geguckt, als sie seine Personalien aufgenommen hatte und dabei auch auf den Beruf zu sprechen gekommen war.

«Ich habe zuerst gar nicht verstanden, worauf Frieder hinauswollte. Dann habe ich mich sehr aufgeregt, weil ein paar von den anderen ausgesprochen unfreundlich zu mir waren. Wenigstens Maria hat sich bemüßigt gefühlt, sich um mich zu kümmern.»

«Sie sind also nach dem Streit zusammen mit Frau Möller im Salon geblieben. War sonst noch jemand unten?»

«Einige waren noch auf der Terrasse.»

«Wer?»

«Das weiß ich nicht, ich habe nur jemanden quatschen hören.» Was guckte sie ihn denn so komisch an?

«Erzählen Sie weiter.»

«Ich bin auf dem Sofa eingeschlafen, und irgendwann gab's einen furchtbaren Krach. Das war Frieder, der hatte einen Stuhl umgelaufen. Er hat mich, glaube ich, gar nicht gesehen, aber das ist ja nichts Neues. Jedenfalls hat er sich eine Flasche Bacardi geschnappt und ist raus in den Park.»

Die Kommissarin nickte. «Wir haben eine Bacardiflasche gefunden, im Pavillon am anderen Ende. Wissen Sie, um wie viel Uhr das war?»

Die war doch verrückt! «Nein, ich war verständlicherweise müde und habe gleich weitergeschlafen.»

«Sie sagten, Herr Seidl sei raus in den Park. Da musste er doch über die Terrasse, oder?»

«Jaa …» Sollte er fragen? Warum eigentlich nicht? «Hatte Frieder eigentlich sein Handy bei sich? Ich meine, man kann doch heute technisch so viel … Vielleicht hat Frieder sich ja mit jemandem verabredet.»

«Nein, das haben wir überprüft.» Sie schaute auf ihre Notizen. «Sie sind schließlich irgendwann ins Bett gegangen.»

Jetzt kam sein Trumpf! «Das war so um halb vier rum. Ich bin wach geworden, weil mir kalt war. Und da habe ich jemanden im Park gesehen. Ich konnte aber nicht erkennen, wer das war. Dazu war es zu dunkel, es hat ja geregnet. Aber es waren zwei, vielleicht auch drei Leute, und die standen nicht zusammen.»

«Wo genau waren diese Leute, was taten sie?»

«Das kann ich Ihnen nicht sagen.» Blöde Kuh! «Ich war, wie ich schon erwähnt habe, sehr müde und natürlich auch enttäuscht.»

«Mir ist noch etwas eingefallen», sagte Sibylle. «Sie wollen doch möglichst genau wissen, wer wann wo gewesen ist.»

Toppe sagte nichts, wartete nur ab.

«Na ja», fuhr sie unsicher fort. «Als ich mich gerade mit Rüdiger in meinem Zimmer zusammengesetzt hatte, habe ich zuerst die Klospülung aus dem Bad gegenüber gehört, und kurz danach wurde an eine Tür geklopft. Vom Geräusch her würde ich sagen, das muss entweder vom Zimmer 115 oder 116 gekommen sein, also entweder von Martin oder von Dagmar.»

Toppe schien nicht besonders interessiert.

«Herr Henkel hat ausgesagt, dass er bis Viertel vor vier bei Ihnen geblieben ist. Worüber haben Sie sich so lange unterhalten?»

«Das wissen Sie doch inzwischen schon, über Frieders Verrat natürlich!»

«Haben Sie auch über Ihren verstorbenen Verlobten gesprochen?»

«Was?!» Ihre Beine waren plötzlich wie Gummi.

Er schaute sie ungehalten an. «Frau Langenberg, ich bin nicht sehr glücklich darüber, dass Sie mir verschwiegen haben, was am Montagabend wirklich passiert ist, aber ich gebe Ihnen eine zweite Chance.»

«Okay», sagte sie zittrig, «ich habe mich auf Patricia gestürzt, habe sie an den Haaren gezogen und gekratzt.»

«Das ist mir bekannt. Ich möchte wissen, wie es dazu gekommen ist. Was hat Sie so aus der Fassung gebracht, warum haben Sie den Namen ihres früheren Verlobten gerufen?»

Ihre Augen füllten sich mit Tränen. «Weil er es schon wieder getan hat, weil er wieder alles kaputtgemacht hat ...»

«Erzählen Sie», sagte Toppe ruhig und reichte ihr ein weißes Taschentuch, das sie einen Augenblick verwirrt anstarrte, dann wischte sie sich die Tränen weg.

«Ich habe Klaus zur ‹13› gebracht, ich habe ihn mit Frieder zusammengebracht. Klaus hat in Düsseldorf Grafik und Design studiert, und irgendwann ist Frieder mit der Idee gekommen, eine eigene Werbeagentur zu gründen. Klaus hat die gesamten Ersparnisse seiner Eltern reingesteckt und sich Tag und Nacht den Arsch aufgerissen – entschuldigen Sie.»

«Hat Seidl auch Geld investiert?»

Sie merkte, wie die Wut in ihr wieder zu toben begann. «Das behauptet er, aber ich habe keine Unterlagen darüber gefunden.»

«Weiter.»

«Klaus war der Kreative von den beiden – er war brillant –, und Frieder hat sich um die Akquise gekümmert. Nach einer Weile fing der Laden an zu laufen, und Klaus hat sein Studium abgebrochen. Und da geht Frieder hin und verscherbelt die Firma an eine Düsseldorfer Agentur. Klaus' Ideen, all seine Entwürfe für Kampagnen, die Kundenkartei, alles weg! Und er hat keinen Cent gesehen, weil ...»

«Weil es keine Verträge gab.»

«Ja, es gab überhaupt nichts Schriftliches, nichts war geschützt, wir konnten nichts tun. Und dann ...» Sie schluchzte auf. «Er kam nicht zur Probe, ich habe immer wieder angerufen, aber er war nicht da. Dann kam die Polizei und sagte, er sei tot. Mit dem Auto gegen einen Brückenpfeiler, und es gab – keine Bremsspur.»

Toppe fasste ihre Hand mit dem zerknüllten Taschentuch und drückte sie sacht. «Und Sie sind dennoch bei der ‹13› geblieben, haben dennoch weiter mit Frieder zusammengearbeitet?»

«Ich musste doch weiterleben, das waren meine Freunde ...»

Er gab einen Laut von sich, den sie nicht einordnen konnte.

«Eines verstehe ich nicht. Wieso sind Sie auf Patricia losgegangen und nicht auf Frieder?»

«Ich weiß nicht, vielleicht, weil sie gesagt hat, dass unser Name nie geschützt war und dass sie ihn jetzt haben schützen lassen. Dabei hat sie über unsere Dummheit gelacht.»

Haferkamp stand am Fenster. Die Taucher hatten die Tatwaffe anscheinend nicht gefunden, denn wieder durchkämmten Polizisten den Park und die angrenzenden Felder.

Achtzehn Der Geschäftsführer war weder besonders phantasiebegabt noch übermäßig neugierig, und so
hatte sich seine Aufregung über den toten Mann am Teich
schnell gelegt. Er hoffte nur inständig, dass die unliebsame
Geschichte heute noch geklärt wurde, damit diese leidigen
Kabarettisten und vor allem die Polizei endlich verschwan-
den. Für morgen früh hatten sich neue Gäste angesagt, und
es war gut möglich, dass die ihre Koffer erst gar nicht aus-
packten, wenn sie erfuhren, was passiert war.

Liebeskind rieb sich den Nacken – eine vertrackte Situation. Es half nichts, er musste mit der Polizei sprechen. Als
er seine Bürotür öffnete, stand der Hauptkommissar direkt
vor ihm. Liebeskind stolperte zwei Schritte zurück.

Toppe streckte die Hand aus. «Tut mir Leid, wenn ich
Sie erschreckt habe, aber ich brauche Sie kurz einmal im
Park. Hätten Sie einen Moment Zeit?»

«Ja, ja, natürlich, ich hole nur eben meinen Mantel.»

«Es ist wirklich eine wunderschöne Anlage», sagte Toppe,
als sie über die Wiese gingen. Liebeskind hatte Mühe, mit
dem Mann, der fast einen Kopf größer war als er, Schritt zu
halten. «Ja, wir bemühen uns, den Park in einem Gleich-
gewicht zwischen gepflegt und ein wenig verwildert zu
halten.»

Toppe nickte. «Ein schöner Rahmen für die afrikanischen
Skulpturen. Haben Sie viele Besucher von außerhalb?»

«Nein, so gut wie keine. Wir liegen zu weit weg von der Straße, als dass man sich zufällig hierher verirrt.»

«Aber im Prinzip ist der Park jedem zugänglich?»

«Noch», gab Liebeskind kurzatmig zurück, «aber das soll sich ändern, wenn demnächst die Ausstellung offiziell eröffnet worden ist. Ab dann kassieren wir Eintritt.» Er nahm dankbar zur Kenntnis, dass Toppe stehen geblieben war. «Die Sammlung hat ein Kunstliebhaber aus den Niederlanden zusammengestellt. Der Mann hat sich auf Parkausstellungen spezialisiert.»

«Mir ist aufgefallen, dass die meisten Plastiken nicht befestigt sind, und einige der Stelen sind leer.» Toppe zeigte ins Rund.

«Das liegt daran, dass wir ein paar Exponate an Museen ausgeliehen haben.»

Toppe hielt seinen Blick fest. «Welche genau?»

Liebeskind verstand nicht so recht, wieso das von Bedeutung war. «Nun ja, aus dem Kopf weiß ich das nicht», gab er zu, «aber ich habe ein Verzeichnis und einen Plan bei mir im Büro. Soll ich's holen?»

«Das wäre sehr freundlich.»

Liebeskind hastete ins Haus zurück. Die Sache schien wichtig zu sein, und je eher er das hinter sich brachte, umso besser. Als er, den Ordner unter den Arm geklemmt, wieder loslaufen wollte, hielt ihn das Zimmermädchen auf. «Die Polizei sagt, wir dürfen die Zimmer nicht machen. Aber wir müssen doch wenigstens die Handtücher wechseln.»

«Sie tun das, was die Polizei sagt, verstanden?» Sie fuhr verblüfft zurück. «Keine frischen Handtücher, keine neue Bettwäsche!» Dann eilte er weiter.

Der Kommissar war am hinteren Ende des Parks und

200

umrundete dort langsam den Pavillon, ging hinein, bückte sich, schaute unter die Holzbänke.

«Suchen Sie was?», fragte Liebeskind vorsichtig.

Toppe richtete sich auf und lächelte schief. «Ach, die Spurensicherung hat längst alles genau untersucht, aber man gibt die Hoffnung nie auf ...» Dann wurde er ernst. «Wir wissen inzwischen, dass Herr Seidl in der Mordnacht hier im Pavillon gewesen ist, und zwar nach halb zwei, also nur kurze Zeit vor seinem Tod. Wir haben eine leere Rumflasche mit seinen Fingerabdrücken gefunden und auch seine Schuhspuren.» Er zeigte auf die Markierungen, die van Gemmern angebracht hatte.

Liebeskind lief ein Schauer über den Rücken. «Und sonst keine? Schuhspuren, meine ich.»

Toppe hob die Schultern. «Zu viele leider.»

«Chef! Hallooo, Chef!» Der komische Kauz kam angeflitzt. Wie hatte dieser Mensch es nur zum Kommissar gebracht? Allein die Sprache!

Ackermann bremste knapp vor ihnen und hechelte. «Puuh, die Jährkes bleiben einem auch nich' einfach so inne Kleider hängen. Wat ich sagen wollt': Da is' grad 'n Kurier gekommen un' hat dat Material gebracht, dat der WDR am Montag gedreht hat. Ich hab gefragt, hier gibt et Videorekorder. Sollen wir uns dat mal ebkes angucken?»

Toppe schüttelte den Kopf. «Es reicht, wenn wir uns das heute Abend im Team ansehen.»

Ackermann war offenbar einverstanden. «Einen Trumpf haben wir ja noch auf Lager. Ma' gucken, wat passiert, wenn wer den ausspielen.»

«Interessanter Beruf», meinte Liebeskind versonnen, als Ackermann wieder verschwunden war.

«Er hat seine Höhen und Tiefen», antwortete Toppe trocken und zeigte auf den Ordner, den Liebeskind unter dem Arm hielt. «Dann lassen Sie uns mal überprüfen, welche Objekte ausgeliehen sind.»

Langsam arbeiteten sie sich durch die Ausstellung, zuerst den äußeren Weg entlang, dann immer näher auf den Teich zu.

«Warten Sie», rief Liebeskind plötzlich und blätterte in seinen Unterlagen. «Hier müsste eigentlich eine Plastik stehen … komisch …»

«Was für eine?», fragte Toppe gespannt.

«‹Löwenjunges›, eine von den kleineren Skulpturen. Moment, ich suche Ihnen das Foto raus …» Dann riss er die Augen auf. «Hier hat doch der Tote gelegen!»

Toppe seufzte. «Wenn wir bei unseren Gesprächen heute Nachmittag nicht weiterkommen, muss ich Ihnen noch ein paar Unannehmlichkeiten bereiten, fürchte ich.»

Liebeskind hatte keine Ahnung, worauf der Kommissar hinauswollte, aber es war ihm auch gleich. «Hauptsache, der ganze Spuk ist bald vorbei. Schließlich muss unser Betrieb weiterlaufen.»

«Wann erwarten Sie neue Gäste?»

«Morgen Vormittag.»

Toppe rieb sich die Nasenwurzel. «Gut, wenn wir den Fall heute nicht klären, schicke ich die Kabarettleute sowieso nach Hause, dann muss es eben auf die klassische Weise weitergehen. Drücken Sie die Daumen, dass wir endlich die Tatwaffe finden, dann sind wir von hier verschwunden.»

Sibylle hatte sich schon dreimal übergeben. Jetzt hielt sie sich an einer Sessellehne fest und trank zittrig ein paar

Schlucke Wasser. Was mochte bei der Vernehmung vorgefallen sein?

Auf alle Fälle hat es sie aus der Bahn geworfen, dachte Haferkamp, mehr als alles andere bisher.

Er sah sie zum ersten Mal ohne Schminke – selbst in ihren gemeinsamen Urlauben hatte sie es immer geschafft, den anderen nur in voller Bemalung unter die Augen zu treten. Sie sah ganz anders aus, verletzbar wie ein Kind. Jemand sollte sie in den Arm nehmen.

Dagmar kauerte in einer Sofaecke und biss ohne Unterlass an ihren Fingernägeln herum, akribisch, als hätte sie eine Aufgabe zu erledigen. Es tat ihm weh. Solange er sie kannte, hatte sie ihre Hände immer ganz besonders gepflegt. In den Siebzigern hatte sie Vampkrallen gehabt, in den schrillsten Farben lackiert ... Und ihre Hände konnten aufregende Dinge tun.

Auch die anderen sprachen nicht, jeder schien mit sich allein zu sein. Wann war dieses furchtbare Theater endlich vorbei?

Aus der Küche hörte man lautes Töpfeklappern, und es roch nach gedünstetem Kohl und Muskat. Die drei Kripoleute standen im Flur und unterhielten sich leise. Toppe und Steendijk – wenn sie bei ihm im Laden waren, berührten sie einander ständig, tauschten Blicke voller Wärme und oft auch voller Versprechen. Jetzt und hier wäre man nicht darauf gekommen, dass die beiden ein Paar waren. Sie waren in ihre andere Haut geschlüpft. Dabei waren sie nicht unfreundlich, aber so sachlich, so nüchtern, dass einem unwohl war.

Jetzt kamen sie herein.

«Okay», sagte Steendijk, «mit einigen von Ihnen müssen

wir uns noch einmal unterhalten. Frau Henkel, Frau Langenberg, Herr Janicki und Herr Haferkamp halten sich bitte zu unserer Verfügung.» Sie nahm jeden von ihnen ins Visier, wenn auch nur ganz kurz. «Die anderen können in den nächsten …», sie schaute auf ihre Armbanduhr, «… sagen wir, zwei Stunden, tun, was ihnen beliebt. Danach brauchen wir Sie allerdings wieder hier.»

Haferkamp war verwirrt. Was wollten die von ihm?

Maria, Möller, Rüdiger und Walterfang standen langsam auf und schauten sich unschlüssig an.

«Na, dann wollen wir mal, Herr Haferkamp!», scheuchte Jupp Ackermann ihn auf und nahm ihn mit nach nebenan.

«So, da sind wir also. Dat Gerät is' angeschaltet, un' ich geb jetzt die Uhrzeit un' alles ein.»

Sein liebes Schratgesicht war ihm abhanden gekommen. «Wir haben gestern Morgen in Ihrem Zimmer feuchte Klamotten gefunden, 'ne Cordhose, 'n Sweatshirt un' Socken. Un' dat heißt, dat Sie Montagnacht noch nach halb drei draußen gewesen sind. Uns haben Sie aber erzählt, dat Sie um zwei Uhr schlafen gegangen sind. Un' jetzt würd ich gern hören, wat Sie dazu zu sagen haben.»

«Ach, verflucht nochmal!» Haferkamp kam die Galle hoch. «Was weiß denn ich? Es war eine chaotische Nacht. Keiner von uns ist zur Ruhe gekommen. Ich bin einfach zwischendurch mal Luft schnappen gegangen.»

Aber Ackermann zeigte kein Verständnis. «Im strömenden Regen? Et hat geschüttet wie aus Eimern.»

Haferkamp konnte sich nicht länger beherrschen. «Was soll der Mist?», brüllte er. «Glaubt ihr allen Ernstes, ich hätte Frieder umgebracht? Ihr seid ja verrückt! Ich hatte doch überhaupt keinen Grund!»

Ackermann lehnte sich zurück und faltete die Hände vor dem Bauch. «Dat seh ich anders. Der Frieder wollte Dagmar un' Kai mit zum Fernsehen nehmen, aber Sie hat er einfach am kalten Arm verhungern lassen. Un' wat ich von euch so alles über Neid un' Eifersucht gehört hab – also, wenn dat kein Motiv is'!»

Haferkamp ließ sich gegen die Stuhllehne fallen und legte erschöpft den Kopf in den Nacken. «Das ist doch Schwachsinn. Mein Seelenheil hängt nicht von der ‹13› ab.»

«Gut, lassen wir dat mal für den Moment so stehen. Fakt bleibt aber, dat Sie gelogen haben. Sie waren nämlich nich' um zwei Uhr im Bett, Sie waren draußen, un' wir wissen, dat der Frieder auch draußen war.»

«Ach, Himmel Herrgott, jetzt hören Sie schon auf …»

«Nein, Sie hören auf!» Ackermann donnerte beide Fäuste auf den Tisch, dass das Bandgerät hüpfte. «Ihnen scheint der Ernst Ihrer Lage nicht klar zu sein», sagte er in lupenreinem Hochdeutsch. «Wer hat um Viertel vor drei an Ihre Zimmertür geklopft?»

Haferkamp spürte, wie alle Energie von ihm wich. Er stützte die Ellbogen auf die Knie und die Stirn in die Hand. «Das war Dagmar», antwortete er leise, «ich meine, Frau Henkel.»

«Ich weiß, wer Dagmar is'», meinte Ackermann ungeduldig. «Un' wat?»

Haferkamp schaute auf. «Wir haben miteinander geschlafen.» Er schluckte. «Danach war ich so aufgewühlt, dass ich Luft brauchte, und da bin ich raus in den Park. Ich habe gar nicht gemerkt, dass es geregnet hat …»

Ackermann betrachtete ihn. «Et war nich' bloß Vögeln im Suff, oder?»

205

«Nein», antwortete Haferkamp langsam, «es war nicht nur Vögeln im Suff.»

Die Kommissarin war ihm offensichtlich böse. «Aber wir wissen, dass Sie nach halb drei noch einmal draußen waren!»

Janicki grinste. «Und woher, bitte schön?»

Sie blieb gelassen. «Weil wir gestern Morgen in Ihrem Zimmer feuchte Kleider gefunden haben.»

«Haben Sie?» So langsam reichte es ihm. «Kann sein. Ich habe Ihnen doch schon gesagt, dass ich sehr betrunken war. Ich habe keine Ahnung, was ich wann getan habe. Es kann gut sein, dass ich noch einmal rausgegangen bin. Aber nageln Sie mich nicht auf eine Uhrzeit fest.»

«Sie hinken.»

Er lachte hart. «In Ordnung, ich ergebe mich! Ich bin die Treppe heruntergefallen, Herrgott nochmal. Eigentlich musste ich nur mal pinkeln, aber anscheinend habe ich mich in der Richtung geirrt. Jedenfalls fand ich mich unten im Flur wieder. Ich kann nicht ausschließen, dass ich nochmal nach draußen bin. Waren Sie noch nie sternhagelvoll?»

Sie ging auf nichts ein. «Mir ist nicht ganz klar, warum Sie die Sache so auf die leichte Schulter nehmen, oder zumindest den Eindruck erwecken wollen. Und erzählen Sie mir bitte nicht schon wieder, Sie hätten kein Motiv gehabt, Frieder zu töten, denn das stimmt nicht. Herr Toppe hat sich gestern Abend lange mit Johanna Meinert unterhalten. Frieder Seidl hat Ihre Frau aus der ‹13› rausgeschmissen, um seine Freundin unterzubringen.» Sie fixierte ihn. «Ihre Frau leidet an einer psychosomatischen Krankheit, nicht wahr?»

Bei Janicki brannte eine Sicherung durch. «Das ist doch völliger Blödsinn!»

«Mir ist übel», jammerte Sibylle.

«Darauf kann ich jetzt leider keine Rücksicht nehmen», sagte Toppe ungeduldig. «Sie waren Montagnacht noch draußen, nachdem der Regen eingesetzt hatte. Ihr Rock und Ihre Jeansjacke waren nämlich gestern Morgen noch klamm. Also bitte, warum haben Sie uns das verschwiegen?»

«Aber ich …» Ihre Gedanken purzelten durcheinander. «Ich habe mir nur Aspirin geholt.»

Toppe runzelte die Stirn und wartete.

«Ich hatte schreckliche Kopfschmerzen. Als Rüdiger gegangen war, bin ich runter zu meinem Auto. Ich habe immer ein paar Tabletten im Handschuhfach. Das waren höchstens drei Minuten.» Sie merkte, dass ihre Unterlippe anfing zu zittern, aber sie konnte nichts dagegen tun. «Ich wusste doch nicht, dass das wichtig war.»

«Natürlich ist das wichtig! Rüdiger Henkel hat ausgesagt, dass er Sie um Viertel vor vier verlassen hat. Wenn Sie danach zu Ihrem Auto gegangen sind, waren Sie ziemlich genau zur Tatzeit draußen. Ich will jetzt keine Ausflüchte mehr hören, ist das klar? Also, wen haben Sie gesehen?»

«Niemand», wimmerte sie. «Ich bin zur Vordertür raus, zu meinem Auto gerannt und wieder zurück. Das müssen Sie mir glauben.»

«Das muss ich keineswegs.» Toppe stand auf und fing an, im Zimmer auf und ab zu wandern. «Schauen Sie sich doch an, Sie sind immer noch ganz durcheinander und auf-

207

gewühlt. Wie mag es Ihnen da erst Montagnacht gegangen sein, als Ihnen wieder zu Bewusstsein kam, dass Seidl Ihren Verlobten in den Tod getrieben hat! Frau Langenberg, Rache ist eine starke Triebfeder.»

Nun würde sie nicht länger den Mund halten. «Und was ist mit Dagmar?»

Toppe setzte sich wieder. «Reden Sie.»

«Ich bin nicht die Einzige, die durchgedreht ist. Dagmar ist wie eine Verrückte auf Frieder los und hat ihn geschlagen.» Jetzt sprudelte alles hervor. «Dagmar war schwanger, damals, kurz bevor sie Rüdiger geheiratet hat. Sie war schwanger von Frieder, und er hat sie zu einer Abtreibung gezwungen. Dabei ist wohl was schief gegangen, jedenfalls konnte sie danach keine Kinder mehr kriegen und …»

«Langsam, langsam», unterbrach Toppe sie. «Das hat Frau Henkel Ihnen alles am Montagabend erzählt?»

«Erzählt! Sie hat geschrien wie eine Irre. Dass Frieder ihr ganzes Leben verpfuscht hat. Irgendwie stimmt das ja auch, sie und Rüdiger wollten immer eine große Familie haben. Wir konnten sie gar nicht beruhigen, immer wieder hat sie gebrüllt, dass Frieder über Leichen geht, dass ihr Kind wohl nicht gut genug war, das von Patricia aber schon.»

«Sie wussten vorher nichts von der Abtreibung?»

«Niemand, das hat sie all die Jahre für sich behalten. Wir haben nicht einmal mitbekommen, dass die beiden was miteinander hatten.»

Sie spürte, wie sie auf einmal ganz ruhig wurde. «Dagmar ist dann heulend auf ihr Zimmer gerannt, und nach einer Weile bin ich hinterher. Sie hat mir so Leid getan.»

Toppe schaute sie ungläubig an. «Sie sind zu Frau Henkel

208

gegangen, um sie zu trösten? In Ihrem Zustand? Sie waren doch selbst außer sich.»

«Aber ich schwöre …»

«Lassen Sie das lieber.»

Neunzehn

«Wieso Sie ausgerechnet mit mir noch einmal sprechen wollen, verstehe ich nicht», sagte Dagmar abweisend.

«Das hat mehrere Gründe, Frau Henkel. Bitte setzen Sie sich.» Aus Toppes Miene konnte sie nichts ablesen.

«Erstens», er nahm die Finger zu Hilfe, «Sie waren in der Nacht noch draußen, und zwar, nachdem es angefangen hatte zu regnen. Zweitens, Sie haben mit Herrn Haferkamp geschlafen, und daraus ergibt sich ein neuer zeitlicher Ablauf, und drittens, Sie haben abgetrieben.»

Sie schnappte nach Luft. «Woher …?»

«Nicht alle schweigen so beharrlich wie Sie.»

Die Tränen ließen sich kaum noch zurückhalten. «Bitte, ich …»

«Sie waren schwanger von Frieder Seidl. Hatten Sie ein längeres Verhältnis mit ihm?»

Sie nickte und fühlte sich plötzlich vollkommen leer. «Vom 31. Dezember 1978 bis zum 4. Juli 1979.»

«Das Datum der Abtreibung?»

«Ja, Frieder wollte das Kind nicht und hat innerhalb von ein paar Tagen alles in die Wege geleitet. Kaum hatte ich es ihm erzählt, saß ich schon im Zug nach Holland.»

«Sie wollten das Kind behalten?»

«Ja, aber ich habe gedacht, wenn ich es wegmachen lasse, bleibt er bei mir. Aber ich hatte mich getäuscht.»

«Sie waren damals schon mit Ihrem jetzigen Mann zusammen, nicht wahr?»

«Schon ein paar Jahre, aber mir war alles egal. Ich wollte Frieder.» Noch immer spürte sie nichts als bleierne Müdigkeit. «Ich habe es Rüdiger nie erzählt.»

«Er wusste auch nichts von der Abtreibung?»

«Nur Martin wusste davon.»

«Und am Montagabend ist Ihnen der ganze Schmerz wieder hochgekommen. Wie hat Seidl reagiert?»

«Wie immer – überhaupt nicht.»

Toppe seufzte. «Kommen wir noch einmal zum zeitlichen Ablauf zurück, zu den Dingen, die Sie uns bisher verschwiegen haben. Um Viertel vor drei haben Sie bei Haferkamp geklopft.»

«Ja, kann sein, dass es Viertel vor drei war …»

«Dann haben Sie mit ihm geschlafen. Wie lange waren Sie bei ihm?»

«Ich weiß nicht genau, bis gegen halb vier vielleicht.»

«Was taten Sie danach?»

Auf einmal war nur noch Traurigkeit da. «Ich bin in mein Zimmer gegangen. Ich hatte Durst, aber meine Wasserflasche war leer. Ich bin nach unten und habe mir ein Glas Saft eingegossen. Die Terrassentür stand weit offen, der Regen schlug herein. Ich bin zur Tür gegangen, um sie zu schließen. Da habe ich Kai gesehen. Er war drüben beim Pavillon, und Martin stand auf der anderen Seite vom Teich.»

«Also», sagte Ackermann, «dann versuchen wir mal, dat zusammenzubringen. Ich würd sagen, wenn et kein Quicky war, dann muss et so halb vier, Viertel vor vier gewesen sein, wie Sie in den Park raus sind. So, un' jetzt will ich wissen, warum Sie uns dat nich' schon längst erzählt haben!»

«Ach, Scheiße», sagte Haferkamp. «Ich war völlig durch den Wind, als Dagmar und mir das passiert war. Ich bin durch den Park gerannt und habe versucht nachzudenken. Ob es weitergehen soll, wie es weitergehen kann. Dann habe ich Frieder entdeckt. Er lag im Pavillon und schlief.»

«Wir hatten bloß vier Grad in der Nacht, da haben Sie den einfach so liegen lassen?»

«Ich habe nicht gemerkt, wie kalt es war, und außerdem war es mir scheißegal.»

«Bis jetzt weiß ich immer noch nich', warum Sie uns dat nich' gesagt haben.»

Haferkamp wurde die Brust eng. «Weil ich Kai draußen gesehen habe bei der großen Löwenplastik, und … Dagmar stand auf der Terrasse.»

Janicki knirschte mit den Zähnen. «Weil Martin und Dagmar auch draußen waren, verdammt! Und Frieder lag im Pavillon. Von mir aus hätte der da verrecken können.»

«Was er dann ja auch getan hat», schloss Steendijk.

Dagmar wäre am liebsten nicht zurück in den Salon gegangen. Sie fühlte sich miserabel und war sicher, dass man ihr ihren Verrat ansehen konnte. Aber was hätte sie tun sollen?

Als sie hereinkam, hatten sich die anderen am Fenster versammelt. Irgendetwas schien draußen vorzugehen.

Sie zuckte zusammen, als sie hinter sich Toppes Stimme vernahm. «Fein», sagte er, «Sie sind vollzählig. Ich brauche

212

Sie nämlich nachher alle zusammen.» Dann nahm er sich eine Kanne Kaffee und drei Becher und verschwand wieder.

«Dagmar», rief Maria, «guck dir das mal an, die pumpen den Teich leer.»

Sie schob sich leise zwischen Martin und Kai, die beide ihren Blick mieden.

Im Park wimmelte es von Feuerwehrleuten. Drei Männer bauten eine Art Schutzwehr zum Wassergraben hin, andere waren dabei, ein Feuerlöschbecken aufzubauen. Schläuche wurden verlegt und an zwei dickere Saugschläuche angekoppelt, die am Ende mit Körben aus Metallgeflecht versehen waren. An der rechten Seite des Teiches, dort, wo Frieder gelegen hatte, stand der Mann von der Spurensicherung in Overall und Gummistiefeln.

«Sie suchen immer noch die Tatwaffe», murmelte Möller.

Sibylle bibberte. «Was passiert jetzt? Wieso braucht er uns alle zusammen?»

Niemand antwortete ihr.

Es kann nicht sein, dachte Haferkamp, es darf nicht sein.

«Bitte nicht, bitte nicht, bitte nicht …», betete Dagmar stumm.

Zwei Feuerwehrmänner hatten Wattstiefel angezogen und hielten Käscher bereit.

«Ich wusste gar nicht, dass da Fische drin sind», sagte Walterfang. «Ich habe jedenfalls noch nie welche gesehen.»

«Wie denn auch», brummte Rüdiger, «bei den ganzen Wasserlinsen.»

«Ich glaub nich', dat wir die Lampen noch brauchen, die

213

haben den ruck, zuck leer», hörten sie Ackermann auf dem Gang. «Müssen bloß zum Schluss inne Mitte vom Tümpel dranbleiben, weil dat Ding sons' in Nullkommanix wieder voll Grundwasser läuft.»

«So.» Toppe stellte sich mitten in den Raum, die Hände locker verschränkt, und fixierte einen nach dem anderen. «Sie wissen, dass Herr Seidl erschlagen wurde, und Sie wissen vielleicht auch, dass Kopfwunden sehr stark bluten. Wir können also davon ausgehen, dass an der Kleidung des Täters Blutspuren zu finden sind. Und glauben Sie mir, selbst wenn sie mikroskopisch klein sind, sie lassen sich nachweisen, und das erfreulicherweise auch noch schnell. Die Kleider, die wir gestern mitgenommen haben, haben wir wieder in Ihre Zimmer gebracht, sie waren sauber. Aber ich möchte, dass Sie jetzt hinaufgehen und diesmal Ihre gesamte Kleidung zusammenpacken und herunterbringen.»

«Sollen wir etwa nackt rumlaufen?», giftete Maria.

Ackermann lachte. «Och nö, bitte nich'!»

Toppe überhörte beides. «Und ich möchte, dass Sie dieselben Kleider anziehen, die Sie am Montagabend getragen haben, und sich dann wieder hier versammeln.»

Kopfschütteln, Zaudern, schließlich standen sie auf und gingen.

«Sie bitte auch, Herr Walterfang», sagte Toppe.

Aber Heinrich Walterfang blieb auf seinem Platz. «Das hier sind die Kleider, die ich am Montag getragen habe, was anderes habe ich nicht bei mir. In meiner wirtschaftlichen Situation kann ich mir keine unnötigen Ausgaben leisten.»

Dann schaute er wieder hinaus. Das Feuerlöschbecken war mit frischem Wasser befüllt worden, und jetzt wurden die Pumpen angeworfen. Es brummte und gurgelte. Der Motor hörte sich an, als stammte er aus einem alten VW Käfer.

Seine Hände klebten, er musste irgendwo reingefasst haben. Er lüpfte sein T-Shirt, spuckte auf den Rand und rubbelte damit zwischen seinen Fingern herum. Meine Güte, wo blieben die denn? Wie lange konnte es dauern, ein paar Klamotten in eine Tasche zu werfen?

Was der Kommissar wohl vorhatte?

Na endlich, die Ersten trudelten ein. Sie stapelten ihre Taschen und Koffer neben der Tür.

«Nein», sagte Toppe, «bitte bleiben Sie stehen. Und Herr Walterfang, stehen Sie bitte auch auf.»

Sie schauten einander unbehaglich an.

«Rüdiger!», rief Dagmar, verstummte aber sofort wieder.

Draußen wurde der Motor abgeschaltet.

«Ja», sagte Sibylle angestrengt. «Am Montag hattest du einen anderen Pullover an, Rüdiger. Einen blauen Norweger mit weißen Elchen.»

Rüdiger wurde zornrot. «Na und? Ich wusste es nicht mehr genau. Der muss wohl in meinem Koffer sein.»

Es klopfte an der Terrassentür. Van Gemmern hielt ein schlammtriefendes Bündel in den Händen – ein kleines Steingebilde, eingewickelt in einen wollenen Lappen. Als er es Toppe entgegenstreckte, erkannte man die hellen Elche.

Es war totenstill.

Dann würgte Dagmar und sackte zu Boden. «O mein Gott. Es war meine Schuld.» Sie schlug die Hände vors Gesicht. «Es ist alles meine Schuld.»

215

«Wisst ihr, was er zu mir gesagt hat, als er da angetorkelt kam?» Rüdiger lachte, als wollte er nie mehr aufhören. «Mit diesem fetten Grinsen im Gesicht. Er guckt mich an und sagt: ‹He, Kumpel, alles im grünen Bereich?›»

Zwanzig   Sie checkten alle gleichzeitig aus, stolperten über Taschen, machten die Frau an der Rezeption halb verrückt.

Maria zog Sibylle zur Seite. «Gehst du jetzt trotzdem zu Sat.1?», raunte sie.

Bylle fuhr sich mit feuchtem Finger glättend über die Augenbrauen. «Wahrscheinlich nicht. Die neue Show ist ja wohl geplatzt. Aber das ist egal. Wir müssen uns um Dagmar kümmern. Die tut mir so Leid.»

«Sie kommt schon klar.»

Kai Janicki stand ein wenig abseits und sprach in sein Handy. «Ich komme heute schon zurück, Liebes. In zwei Stunden bin ich da … Ja, wir sind tatsächlich früher fertig geworden. Ich erzähl dir alles später …»

Möller baute sich im Ausgang auf und versuchte, alle zu übertönen. «Leute, wir müssen noch über die Beerdigung sprechen. Gehen wir geschlossen hin? Und wir müssen einen Kranz besorgen, irgendwas Besonderes, das mit uns, mit der ‹13›, zu tun hat, schließlich …»

«Kann mich einer zu Hause absetzen?», rief Walterfang, aber keiner achtete auf ihn.

Haferkamp lehnte am Küchentresen.

«Und bei Rüdiger haben sie keine nasse Hose gefunden?», fragte Frau Wegner.

«Nein», antwortete er. «Sie haben sein Zimmer erst einen Tag später durchsucht, da hatte er sie längst getrocknet.»

Es schauderte sie. «Man darf es ja nicht laut sagen, aber irgendwie kann ich den armen Kerl verstehen. Wenn ich mir vorstelle, dass er von nichts gewusst hat und auf einmal vor all den Leuten ... Ich bin nur froh, dass der seiner eigenen Frau nichts angetan hat.»

«Ach nein», meinte Haferkamp, «das hätte er nie getan. Es ist alles zusammengekommen. Wenn Sibylle seine Wut nicht noch weiter geschürt hätte, wenn er nicht so betrunken gewesen wäre, wenn Frieder ihn nicht auch noch verspottet hätte ... es war einfach ein Kurzschluss.»

«Wieso hat eigentlich keiner von euch gesehen, wie das passiert ist? Ihr seid doch alle im Park rumgelaufen.»

«Weil wir da schon wieder im Bett lagen. Wenn ich es richtig verstanden habe, habe ich es nur um fünf Minuten verpasst, aber glaub mir, ich bin verdammt froh darüber.»

«Meinst du, Rüdiger hat wirklich gedacht, er kommt mit heiler Haut davon?»

«Ich weiß es nicht, ich glaube, er hat versucht, überhaupt nicht zu denken. Tja, das war's dann wohl, Hedwig.»

«Ach, Jung, das kann doch nicht sein, nach dreißig Jahren!»

«Da waren's nur noch zwölf», murmelte er und probierte ein Lächeln. «Doch, ich fürchte, das war's mit der ‹Wilden 13›.» Er griff nach ihrer Hand. «Aber ich bin nicht aus der Welt. Du kannst mich doch mal im Laden besuchen.»

Hedwig Wegner wischte sich über die Augen. «Ja, ich glaube, das mache ich wirklich mal.»

Haferkamp lief zum Fenster. Dagmar schleppte ihre Taschen zum Auto.

«Entschuldige, Hedwig, ich muss …»

Sie nickte. «Die arme Frau …»

Er fasste sie bei den Schultern. «Kommst du klar?»

«Ich weiß nicht.» Ihre Stimme war rau. «Ich will nicht nach Hause, ich will da nicht hin.»

Haferkamp strich ihr über die Wange. «Aber du musst, Daggi. Du musst mit eurem Anwalt sprechen. Und du musst ihm alles erzählen, ich meine, wirklich alles.»

Sie schaute an ihm vorbei ins Nichts. «Nächste Woche muss ich wieder arbeiten …»

«Du lässt dich krankschreiben.» Er zog sie an sich. «Ich komme mit.»

Mörderisches Deutschland

Eisbein & Sauerkraut, Gartenzwerg & Reihenhaus, Mord & Totschlag

Boris Meyn
Die rote Stadt
Ein historischer Kriminalroman
3-499-23407-6

Elke Loewe
Herbstprinz
Valerie Blooms zweites Jahr in Augustenfleth. 3-499-23396-7

Petra Hammesfahr
Das letzte Opfer
Roman. 3-499-23454-8

Renate Kampmann
Die Macht der Bilder
Roman. 3-499-23413-0

Sandra Lüpkes
Fischer, wie tief ist das Wasser
Ein Küsten-Krimi. 3-499-23416-5

Leenders/Bay/Leenders
Augenzeugen
Roman. 3-499-23281-2

Petra Oelker
Der Klosterwald
Roman. 3-499-23431-9

Carlo Schäfer
Der Keltenkreis
Roman
Eine unheimliche Serie von Morden versetzt Heidelberg in Angst und Schrecken. Der zweite Fall für Kommissar Theuer und sein ungewöhnliches Team.

3-499-23414-9

Weitere Informationen in der Rowohlt Revue oder unter www.rororo.de

Zwielichter der Großstadt – Mord in der Metropole

Boris Meyn
Die Bilderjäger
3-499-23196-4
Ein Kunstwerk verschwindet, eine Leiche taucht auf. Und bei einer wird es nicht bleiben. Aber ist die erotische Zeichnung von Modigliani wirklich so wertvoll, dass mehrere Menschen dafür sterben müssen? Wer außer der jungen Kunsthistorikerin Grit jagt eigentlich noch hinter der Mappe mit den nackten Tatsachen her? Was haben Schweizer Banken und Museen in Amerika mit der Sache zu tun? Und ist es wirklich nur Dankbarkeit, was Grit gegenüber dem Taxifahrer Zart empfindet, der sie kundig durch die Villenviertel und Schmuddelecken von Hamburg kutschiert?

Dick van den Heuvel/
Simon de Waal
Mord im Revue-Palast
3-499-23697-4

Marion Schwarzwälder
Backstage
Ein Fall für Oshinski und März
3-499-23640-0

Volker Albers
Tod am Kai
Tatort Hafen: Wasserleichen und andere Abgänge ...

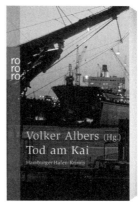

3-499-23425-4

Weitere Informationen in der Rowohlt Revue oder unter www.rororo.de